負動産スパイラル

売れない・貸せない・利益が出ない

不動産コンサルタント　姫野 秀喜
税理士　乾 比呂人　著

清文社

はじめに

1. 負動産スパイラル

　現在、日本の不動産は有史以来の危機に瀕しています。

　人類と不動産の歴史は長く、紀元前3000年ころ南メソポタミアで不動産に関する売買が行われていたとの記録もあります。人類が生きていくうえでこれまでずっと不動産は価値のあるものでした。古来より「不動産」は富を生みだすとともに、それ自体も富の象徴だったのです。

　しかし、現在の日本では、その富の象徴たる「不動産」が、所有者に牙をむく「負動産」に変質しているのです。

　「負動産」は富を生み出しません。それどころか所有者の大切な資産をかすめ取っていきます。「負動産」を所有すればするほど、所有者は疲弊し、最後はすべてを失うのです。

　この日本で最も多くの「負動産」を所有しているのは、間違いなく地主の方たちです。かつては価値があったはずの「不動産」のほとんどは、今や「負動産」であるといっても過言ではありません。

　そして、残念なことにその動きを加速させる人達がいます。彼らは、その不動産が実際は「負動産」であることを隠して地主の方に近づいてきます。

　彼らは、先祖伝来の不動産が「負動産」であることを認めたくない地主の方に甘言を弄し、無駄な相続税対策や、儲からないアパート建設を行わせ被害を拡大するのです。

　さらに、この「負動産」アパートは売り出され、にわか不動産投資家（例えば高所得のサラリーマン等）の手に渡り、二次被害を生み出します。

　私達は、負動産の生み出すこの負のスパイラルを止めるべく本書を執筆しました。

正しい「負動産」対策で、
「負動産」を見抜き、投資で失敗せず
「負動産」を認識し、いち早く手を打ち
「負動産」を処分し、相続で子孫に迷惑をかけない
ようにしなくてはならないのです。

　正しい「負動産」対策を行うためには、二つの「正しい力」が必要です。「正しい力」とは「数字を読む力」と「税務の力」です。この二つの「正しい力」を使いこなし、「負動産」に屈することなく、この数千年に一度の歴史的な危機を乗り越えてほしいと願っています。

2. 本書の読み進め方

　本書は主に、大家（地主、サラリーマン不動産投資家）、税理士の方々に向けて書かれており、読む方の立場によって、読み方が変わります。

　大家（地主、サラリーマン不動産投資家）の方は「負動産」に対抗する方法を、税理士の方は大家（地主、サラリーマン不動産投資家）の方々が求めるニーズを本書から読み取ることができるでしょう。各章の内容は以下のようになっています。

　第1章では、旧来の地主・次世代大家とは何か、そして、旧来の地主から新しい次世代大家になるための方法を書いており、大家（地主、サラリーマン不動産投資家）の方々の参考になると思います。

　第2章では、大家（地主、サラリーマン不動産投資家）はどんな税理士とパートナーになるべきかを書いており、大家の方は税理士を選定するときの参考にしてください。また税理士の方は大家（地主、サラリーマン不動産投資家）の方に選ばれるためにはどのようなニーズに応えるべきかを読み取ることができます。

　第3章では、負動産の典型例と負動産をこれ以上増やさない方法について書いています。「負動産」予備軍を所有している地主の方や、その税務を

任されている税理士の方が知っておくべき内容となっています。

第4章では、これから不動産投資を行おうとしているすべての大家（地主、サラリーマン不動産投資家）の方が負動産をつかまないように身に付けるべき「数字を読む力」についてさらに詳しく実例を用いながら説明しています。

第5章では、不動産経営で失敗しないために必要な「税務の力」を伸ばす税務知識について書いています。特に多くの大家（地主、サラリーマン不動産投資家）から受ける質問を中心に回答しているので、税理士の方にとっても役に立つ参考書となるでしょう。

第6章では、すでに負動産化してしまっている不動産に対し今できることについて言及しています。負動産に頭を抱えている地主の方や税理士の方に読んでいただきたい内容です。

各項目の後ろには、すぐに意識改革やアクションを起こせるようにまとめを設けています。「大家さん革命」には新しい大家としてのマインドセット（意識）を、「取るべきアクション」にはすぐに実行可能なアクションを記載しています。

投資手法や税務対策の再確認等を必要とされる方は、このまとめ部分を参考に今すぐ考え始め、行動に移してください。

報道等にもみられるように、一部の悪意ある業者や市場変化へのアップデートが足りていない実務家のために、被害を被っている地主の方、大家の方がいらっしゃるという現状があります。もちろん、税理士をはじめとする実務家の方々、業者の方々等、真摯にお仕事をされている方がほとんどだと考えています。

しかし、トラブル事例に間近で触れることが少なくない著者としては、警鐘を鳴らし、実務的にはどのように解決をすればよいかについて具体的に解説したいという思いで筆をとりました。

はじめに

　この本が、大家の方や地主の方等、不動産をお持ちの方、また、そうした方々の相談に真摯に答えたいと考えていらっしゃる実務家の方々にとってお役に立てば幸いです。

2018 年 10 月

不動産コンサルタント　姫野　秀喜

税理士　乾　比呂人

【本書の内容と章ごとの推奨読者】

	各章の内容	推奨読者	
第1章	旧来地主から次世代大家になるための方法	地主 サラリーマン不動産投資家	
第2章	どんな税理士とパートナーになるべきか	地主 サラリーマン不動産投資家	税理士
第3章	負動産をこれ以上増やさない方法	地主	税理士
第4章	負動産をつかまないように身に付けるべき「数字を読む力」	地主 サラリーマン不動産投資家	
第5章	不動産経営で失敗しないために必要な法律の知識や、税務知識	地主 サラリーマン不動産投資家	税理士
第6章	すでに負動産化してしまっている不動産への対処法	地主	税理士

【大家、地主、サラリーマン不動産投資家という用語の取扱いについて】

　本書で取り扱う「大家」は大別して「地主」と「サラリーマン不動産投資家」のことを指します。

　本文中「大家」もしくは「大家（地主、サラリーマン不動産投資家）」の記載は、上記の「大家」全体のことを意味します。

　「地主」のみもしくは「サラリーマン不動産投資家」のみの記載については「大家」全体のうち各々を区別して論じる場合に使用します。

【本書における「大家」の概念図】

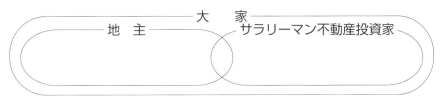

売れない・貸せない・利益が出ない
負動産スパイラル
CONTENTS

はじめに

序章 「旧来地主」から「次世代大家」へ

1. 次世代大家は「外界の常識」を知っている ... 2
2. 家督を相続した次世代大家のために ... 6

第1章 人口減の世界でも生き残れる「次世代大家」になろう！

1. 旧来地主に共通する五つの特徴 ... 10
   1. 土地に対するセンチメンタリティが強い　10
   2. 「大家業は経営である」という意識がない　12
   3. 何が何でも相続税対策を第一に考えてしまう　14
   4. 税理士に記帳と申告をメインでお願いしている　16
   5. そもそも相談する相手を間違えている　18

② 次世代大家が知っておかなくてはいけない三つの投資基準　20

1. 土地を時価評価したうえでの利回りで投資判断をする　20
2. 自己資金回収年数で投資判断をする　22
3. 投資対象エリアの賃貸ニーズ・稼働率で投資判断をする　25

第2章　不動産経営のためには、こんな税理士と付き合おう！

① "税を制する者が、不動産経営を制する" 時代　30

1. 相続税の課税強化　30
2. 財産債務調書制度　30
3. 国外財産調書制度　31

② 税理士が必要になる規模はどのくらいから？　33

③ こんな税理士には、要注意！　35

1. 有効活用法が見込める土地なのに、むやみに売らせる　35
2. 有効活用法が見込めない土地なのに、アパマンを建てさせる　36
3. 専門用語を別の言葉に変換できない　39
4. ウマが合わない　40

④ 「不動産経営に強い税理士選び」の六つのポイント　42

1. 「税引後キャッシュフロー計算書」で数字を説明できる　42
2. 相続税の節税知識と実務経験が豊富である　43

3. 税務調査への対応力がある　47
4. 書面添付を行っている　49
5. 大家の成長を促す力がある　52
6. 専門家集団のネットワークのなかにいる　53

Column 相続税を恐れて我流の対策をした結果、大損した地主さんの話　56

第3章　事例でわかる 今ある資産を負動産化させない方法

1　これが負動産だ!!　60

1. 典型的な負動産① 固定資産税を賄うだけの土地、使用貸借している土地　60
2. 典型的な負動産② 区分所有　64
3. 典型的な負動産③ 再建築不可物件　67
4. 典型的な負動産④ 市街化調整区域　70
5. 典型的な負動産⑤ リゾートマンション　72
6. 典型的な負動産⑥ 借地　76

Column 借地でも大丈夫な例〜3億円の借地を持つ借地大家さんの話　79

2　子孫に負動産を残さない相続対策　81

1. 儲からない建築計画を見抜く！　81
2. 幅広い不動産活用方法を提案できる税理士と付き合う！　85
3. 相続対策に王道アリ！　87
4. 築30年のアパートを相続したんだけど、どうしよう？　91

CONTENTS

- **Column** 市に寄付しようとしたら断られた田舎の実家　96
5. 建築規模によって変わる相続税の圧縮効果　98
6. お家騒動は後継者教育の失敗が9割！　102
7. 大家さんの相続対策①　遺言書をしたためておく　106
8. 大家さんの相続対策②　民事信託を行う　109
9. 預金が2,000万円以上ある人は、いますぐ暦年贈与を始めましょう　114
10. 相続時精算課税贈与ってどういう贈与？　121
11. いくら以上の規模になったら生命保険に入るべき？　126
- **Column** 相続に備えてできるテクニック～親のお金で確定測量しておく　128

負動産をつかまないために

　投資不動産を購入するときに気をつけるべきこと　132

1. 不動産の二つの評価方法、「積算評価」と「収益還元評価」とは　132
2. 田舎の土地の値段に潜む罠　135
3. 業者の提示する事業計画を正しく理解するためには？　137
4. 財務3表で見る、よい投資・悪い投資　140
5. 自己資金回収年数を重視する　145
6. 自己資金0(ゼロ)の甘い罠　148

業者と金融機関からの提案で気をつけるべきこと　152

1. 儲からないホテル建設を持ちかけられる地主　152
2. 7,000万円の価値しかない物件を1億3,000万円で買った投資家の悲

劇　159
3. 「実質タダ」の言葉に踊らされた中小企業のサラリーマン　163
4. 金融機関は地主の事業計画に優しい　168

③ 負動産にしないために知っておくべき節税対策　171

1. 不動産購入にかかる諸費用等は、資産に計上すべき？　費用に計上すべき？　171
2. 減価償却を大きくする方法は？　173
3. 建物比率を高めるための「いくつかの試算方法」とは？　175
4. その人に適した償却年数を出すには？　179
5. 購入時にできるテクニック〜知っておきたい消費税還付　182

第5章　失敗しない不動産経営

① 法人がよいの？　個人がよいの？　188

1. 不動産所有法人って、そもそも何？　188
2. 不動産所有法人のメリットって何？　189
3. 個人にとって青色申告は有利なのか　193
4. 「１物件１法人１銀行スキーム」って何？　デメリットはないの？　195
5. 無返を忘れて、さぁ大変！　198

② 不動産経営で知っておくべき税務知識　201

1. ポルシェも経費につけられるの？　201
2. 個人事業主はご飯代を経費にできるの？　202

3. 土地部分の利息が経費にできないこともある　204
4. 不動産売却時の仲介手数料等は、控除してよいの？　207
Column 売却時にできるテクニック〜鉄部塗装で売却額をアップさせる方法　209
5. マンションの駐車場をコインパーキングにしたら固定資産税が上がった　210
6. 砂利の駐車場を舗装したら税金が上がった　212
7. 砂利の駐車場を舗装したら税金が下がった　213
Column 売却時にできるテクニック〜不動産所有法人の売却で税金を安くする　215

第6章　すでに負動産を持ってしまっている場合の対策

❶ 先祖代々の土地を守らなくてはいけない場合　220

1. 「地主も三代続くと財産をなくす」は本当　220
2. どうしても先祖伝来の土地を守りたい人ができること　221

❷ 物件の負動産化が進んでしまっている場合　224

1. 親が買ったリゾートマンションが危険　224
2. 相続した土地の権利が細分化されすぎていて危険　225
3. 売れない負動産は「ちょっぴり工夫した相続放棄」を検討する　226

序章

「旧来地主」から
「次世代大家」へ

次世代大家は「外界の常識」を知っている

「次世代大家」という言葉を聞いて、何を思い浮かべるでしょうか？

「次世代」と銘打っているわけですから、今までにない何かしらの新しい要素を兼ね備えた大家、ということを漠然と感じるでしょう。

「次世代大家」とは筆者の造語ですが、地主家系であるなしにかかわらず、サラリーマンとして会社の仕事をしっかりとこなしていたり、経営感覚を鋭く持っていたりと、大家としても地に足の着いた経営ができている方々のことを指します。

具体的には、最近増えつつある「サラリーマン不動産投資家」のように、エリート社員が資産を形成した大家や、高学歴で数字に強い2代目、3代目の地主のことをイメージしてください。

彼ら次世代大家は普段はサラリーマンとして、その高い能力で会社の仕事に貢献し、同僚や上司、取引先等から信頼されるエリート社員です。社内外の財務会計資料を読みこなす能力や、パソコンによる資料作成の能力、高いコミュニケーション能力で会議や商談を乗り越える力を身につけています。ロジカルシンキングやクリティカルシンキング、仮説思考等を持っており、部下や上司から出される課題についても、事実や数字を見極め適切に処理します。

彼らは不動産経営や相続においてもその能力をいかんなく発揮し、（相続は特にですが）初めて直面する問題についてでも自分なりの仮説を立て検証し、解決の方向性を出します。そして、彼らは仮説に基づいて、専門家である税理士や不動産業者、金融機関に助言や必要な事実情報の提供を

求めます。それは、生き馬の目を抜く極めて厳しい競争を会社で日々行っているエリート社員にとって、当たり前の所作だからです。

もちろん、税理士や不動産業者、銀行員等の専門家は、当然その世界における知識についてはエリート社員たる次世代大家の何百倍も保有していることでしょう。ですから、次世代大家が求める情報をタイムリーに適切なかたち（粒度や見せ方）で提示することができれば、彼らの信頼を得ることができます。

しかし、「専門家のほうがファクト（事実情報）をたくさん知っているから先生なのだ」といった意識で、知識の上にあぐらをかいているようでは、早晩彼らから見放されることでしょう。

さて、「次世代大家」の対極にあるのが、「旧来地主」です。

読んで字のごとく、これまでのマインドのままでいる地主のことです。特にサラリーマンとして出世を目指すわけでもなく、親の遺産を継ぐまでの腰掛として会社に在籍し、遺産相続後は資産管理会社の社長として暮らす、そんなイメージです。

一般に、彼らはパソコンの使い方もあまり詳しくなく、文書作成ソフトや表計算ソフトはあまり使えません。財務会計も、税理士や金融機関や不動産業者の出してくる資料を見るくらいしかできません。

そうした資料は、形式上、簡易的な損益計算書やキャッシュフロー計算書になっていますが、その数値の前提条件や、その数値以外にかかる税金や諸費用があることをクリティカルに見ることができません。

「クリティカルに見る」とは、直訳すると「批判的に見る」ということになりますが、要するにその資料の目的に即した自分なりの仮説（答え）を持って、数字を読む、ということです。

事業や財務の資料をクリティカルに見るとは、日頃から幅広い知識と数値に対するセンスが要求されるため、そう簡単に誰でもできるというものではありません。

そういう旧来地主のところには大手不動産業者や建設業者と金融機関が、表面利回りの低い建設案を提案しに来ます。
　だいたいは、A3判の、決まりきった提案書です。利回りは土地が自己資産であるにもかかわらず、表面利回りが低く、たったの5％や4％というものばかりです。悪質な場合、儲かるのは業者や金融機関ばかりという仕組みになっています。
　数字が読めず、仮説思考ができなければ、その提案書に記載されていない税金や手数料等のコストの存在に気づくのは難しいでしょう。
　そのため、業者が持ってくるいくつかの提案書のなかから、比較的マシなものを選んで実行します。それも、CGで描かれた外観写真がきれいだとか、カラー写真がきれいだとか、経営の本質とは遠い理由で選んだりします。
　本来アドバイザーとして制止すべき税理士も、日頃から旧来地主とのコミュニケーションが密でなければ、旧来地主の行動を変えられません。
　しかし、旧来地主の時代は徐々に終焉を迎えています。
　厳しい就職氷河期を乗り越え、失われた20年を力強く歩み続けてきた世代がついに次世代大家として台頭し始めているからです。
　最近、多くの旧来地主から次世代大家への相続が始まっています。社会の荒波を潜り抜け外界の常識を知っている次世代大家が家督を継いだことで、不動産をめぐる環境は激変しつつあります。
　経営の才覚に富んでいる次世代大家が、より効率的な経営を目指し市場を席巻することで、旧来地主も彼らとの競争に巻き込まれるでしょう。
　つまり、もはや次世代大家を中心とした不動産経営における市場競争は不可避の状態となっているのです。
　この危機的状況にいち早く適応し、厳しさを増す市場で生き延びるために、正しい助言をくれる真のアドバイザーの選定は急務なのです。
　不動産経営について親身になってくれない税理士とともに不安を抱えた

ままでいるか、真のアドバイスをしてくれ、ときに切磋琢磨していける税理士とともに次世代大家へとバージョンアップするか二者択一なのです。

【本書における「次世代大家」と「旧来地主」の位置づけ】

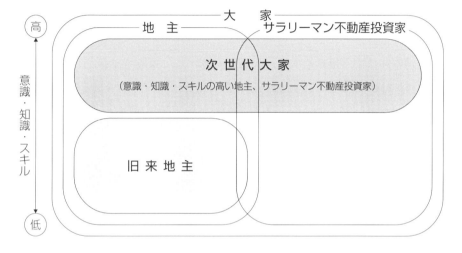

家督を相続した
次世代大家のために

　高学歴で仕事も優秀な次世代大家のうち、特に家督を相続した次世代大家のための書籍はどこにも見当たりません。

　書店で投資の棚を覗くと、不動産でサラリーマンをリタイアした話や、主婦でも不動産投資ができたといった話、学歴がなくても成功したという話等、数々の体験記があふれています。

　また、相続の棚を覗くと、はじめての相続や、相続税対策等の一般的な相続関連の書籍が多数並んでいます。

　もちろん、そういった書籍は家督を相続するタイミングではそれなりに役に立つこともあるでしょう。

　しかし、家督を相続した（これからする）次世代大家が求めているのは、そういった相続だけに限定した書籍や、サラリーマン不動産投資の体験記ではないのです。すでにある資産をどう活用し増加させるか、来るべき相続にどう備えるか、どうやって優秀な次世代を育成するか等の、家督を永続させるために必要なあらゆる情報を渇望しているのです。

　当然、不動産においても、彼らの立場から見た最良の方策を求めています。すでに祖父や親世代から受け継いでいる土地は、彼らの有効な資産となる反面、彼らをその土地に縛り付ける制約条件にもなっています。

　したがって、サラリーマン不動産投資家と異なり、すでに億単位の純資産を保有している彼らは、モチベーションを高めることが難しいのです。

　サラリーマン不動産投資家ほどギラギラした陣取り合戦に参加する気にもならず、しかしながら業者の甘言に気をつけながら、家督を永続させる

ことはブレーキとアクセルを同時に踏むような難しさであり、彼らの精神を疲弊させるのです。

　本書は、旧来地主、サラリーマン不動産投資家、家督を相続する次世代大家を対比しながら、現代の不動産投資におけるそれぞれの動き方の指針を指し示すことを目的としています。

　次世代大家とともに歩む税理士や各業者にとって本書は、次世代大家の良きパートナーになるためには、今後どのようなマインドとスキルセットを身につけるべきなのかがわかる、唯一の書籍となるでしょう。

第 1 章

人口減の世界でも
生き残れる
「次世代大家」になろう!

旧来地主に共通する五つの特徴

> 1．土地に対するセンチメンタリティが強い

1　早く手放せ負動産

　先祖伝来の土地のなかには、全く収入を生み出さないものも存在しています。その土地が保有に伴うコストを生んでいるだけであれば、その土地は資産ではなく負動産です。今すぐ手放す努力をしましょう。

　例えば、以下のような土地はコストだけを生み出す負動産候補といえます。

・自分も住んだこともない、先祖の出身地にある土地
・相続争いの結果、共有者の多い土地
・かなり昔から、赤の他人が建物を建てて住んでいる土地
・若い頃に親からもらった自分の故郷にある遊休地

　このような負動産は、世代を重ねるほどに相続人等関係者が多くなり、"争族"の温床になります。

2　人口減少社会が大富豪を大貧民に叩き落とす

　平成27年（2015年）の日本の人口は約1億2700万人となりました。予測では平成52年（2040年）には、約1億1092万人となり、平成65年（2053年）には1億人を下回るという統計データが存在します（国立社会保障・人口問題研究所『日本の将来推計人口（平成29年推計）』）。

　今後は長期的に見て、人口の入替え（人口の代謝）のない不人気な土地が増え、今まで以上に郊外から都市へ人口が流入する時代になります。

　わが国は、これまでどの国も直面したことのない未曾有の人口減少の波

にさらされています。

　このような大きいうねりのなかで、先祖から引き継いだ土地を後生大事に持っておくことは、トランプゲームでいえば自分で大富豪の地位を降りて大貧民になることと同じです。

　子孫が経済的に困るのを見たくなければ、先祖伝来の土地を売り、子供の世代に問題を先送りしない勇気が必要なのです。

　特に、相続したての人は、親の世代と異なる新しい対応を取りやすいタイミングなので、この機を逃さず不動産のプロや税理士等の専門家と一致団結して果敢に取り組むべきだと考えます。

取るべきアクション

　そのときになって困らないように、今のうちから先祖伝来の土地を新しい土地と組み換え、今後売ろうにも売れなくなる「負動産」になりそうな先祖伝来の土地を手放しましょう！

参考資料

【日本の将来推計人口（平成29年推計）《結果および仮定の要約》（抄）】
推計結果の要約（死亡中位推計）

出生率仮定 ［長期の合計 特殊出生率］	中位仮定 ［1.44］	高位仮定 ［1.65］	低位仮定 ［1.25］	平成24年推計 中位仮定 ［1.35］
死亡率仮定 ［長期の平均寿命］	死亡中位仮定 ［男＝84.95年］		［女＝91.35年］	男＝84.19年 女＝90.93年
総人口　平成27(2015)年	12,709万人 ↓	12,709万人 ↓	12,709万人 ↓	12,660万人 ↓
平成52(2040)年	11,092万人 ↓	11,374万人 ↓	10,833万人 ↓	10,728万人 ↓
平成72(2060)年	9,284万人	9,877万人	8,763万人	8,674万人
平成77(2065)年	8,808万人	9,490万人	8,213万人	〔8,135万人〕

出典：国立社会保障人口問題研究所ホームページ

💡 大家さん革命

　先祖伝来の土地は、いざとなったら何の役にも立ちません。「先祖伝来の土地を守り続けなければならない」という呪縛から己を解き放ちましょう。

2.「大家業は経営である」という意識がない

1　建築価格をシビアに見つめる

　人口統計によれば平成22～27年の5年間で人口が増加した都道府県は埼玉、千葉、東京、神奈川、愛知、滋賀、福岡、沖縄の8県のみ（直近では

滋賀県を除く7県）であり、この8県は日本の総人口の41％を占めます。[※1]

今後は人口減の39都道府県、つまり全国59％のエリアの賃貸物件は賃料を下げないと借り手がつかなくなることが予想されます。

そのため、これまで以上に建築価格にシビアにならなければ、不採算物件を多く保有してしまうことになります。

建築価格をおさえしっかりとした税引後キャッシュフロー[※2]を確保できる大家（地主、サラリーマン不動産投資家）だけが生き残るのです。

※1　出典：総務省統計局『日本の統計2017　Ⅰ部 地理・人口 第2章 人口・世帯』
※2　税引後キャッシュフロー＝年間家賃－管理運営経費－銀行返済－支払利息－固定資産税－都市計画税－所得税－住民税 等。ポイントは、所得税と住民税が入っていること

2　建てることには意味がない、稼ぐからこそ意味がある

当たり前に聞こえる話ですが、この基本すら備えないままの相談を受けることが多くあります。

基本ができていないことは業者の責任ではなく、きちんと物件の建築価格・税引後表面利回りを計算してそろばんが立つ投資とするべきところ、その努力を怠ってきた旧来地主に責任があります。

賃貸物件は、建てることそのものに意味はありません。入居者に貸して稼ぐことに意味があるのです。

「地主である前に、優秀な経営者たれ！」ということを旧来地主はもちろん、すべての大家（地主、サラリーマン不動産投資家）の方にも是非とも知って頂きたいのです。

💡 取るべきアクション

旧来地主は、業者からの提案書をよく吟味しないで、勧められるままに利回りの悪い賃貸物件を建ててはいけません。

優秀な不動産投資は土地の購入代金を含んだうえで、税引後キャッ

シュフロー率が都内23区内なら最低2％（表面利回りでは7～8％以上）となります。

　土地を購入する必要のない地主であれば、それ以上の税引後キャッシュフロー率を確保できるはずです。

　業者の提案書をよく吟味し、相見積りをとる等して建築価格を引き下げ、最低でも土地を持たないサラリーマン不動産投資家と同等の税引後キャッシュフロー率を確保できる賃貸物件を目指しましょう。

3. 何が何でも相続税対策を第一に考えてしまう

1　間違った対策で相続税対策貧乏に

　平成27年度税制改正で相続税の課税強化（基礎控除額の計算が「5,000万円→3,000万円、法定相続人一人あたり1,000万円→600万円」に減額）が図られた影響で、いまやアパート2棟程度（1棟各6部屋程度）しか持っていないような小規模地主にも相続税の波が押し寄せてきています。

　しかし、そういった小規模地主の多くは「自分のときに相続税がいくらかかるのか」を把握していません。

　そのせいで、「相続税評価を下げましょう」という業者の提案に押されてニーズのない場所に賃貸物件を建築してしまう人が後を絶ちません。

　提案どおりに賃貸物件を建設すれば、確かに相続税は下がるかもしれません。

　しかし、本当にその土地に賃貸物件を建てるべきなのでしょうか。もし、この賃貸物件が空室ばかりになった場合、建築資金のほうが相続税減税効果よりも大きくなり、多額の損失を生みだしてしまいます。

　これが俗にいう「相続税対策貧乏」なのです。

2　相続税額を把握する

　相続税対策は、ダイエットと似ています。開始直後はどんどん体重が落ちる（節税が進む）が、一定のところで体重が減らなくなる（それ以上税額が減らない）状態になるのです。

　また、ダイエットでは食事制限だけに頼り、筋トレを怠ると、体重と一緒に筋肉量が落ちてしまい、均整の取れない体になってしまいます。同様に相続税対策でも、土地にむやみに建物を建てる等の「相続税評価額減らし」一本槍だと、納税資金の準備が間に合わず、納税額は減ったものの、資金難により相続税を納付できない状況に陥ります。

　そうならないために、地主の相続税対策は、自分が他界したときの相続税を税理士に計算してもらったうえで「相続税評価額を下げる」こと及び、「相続税納付額＜亡くなったときに現存する現金・預金」となるような資金準備をすることという「地主相続税対策の２本柱」を行うのが鉄則です。

　しかし、自身の没後にいくら相続税がかかるか正確に把握している人は多くはありません。

　自分はどのような相続税対策をとればよいかわからず、結局、業者の提案どおりにする、というケースはまま見られます。

　厳しいいい方ですが、これは業者側の問題ではなく、自分の状況を把握していない旧来地主側の問題です。

　これまで相続のことを考えたことのない旧来地主であればあるほど、「建てればよい」とか「借金すればよい」という、わかりやすい方法にすぐ飛びつく傾向にあります。しかし、一度立ち止まって、その方法は改善すべき課題に合っているのか考えなくてはなりません。

　自分に最善の節税方法を知らないで生前贈与、遺言書の作成、更なる賃貸物件建設等を実行した人の多くが何らかの失敗をしています。地主であるならば、「転ばぬ先の杖」として、自身の相続税額を把握するところから始めましょう。

取るべきアクション

- 相続税評価額を下げるだけの業者の提案には、デメリットがないかを検討する。
- 税理士に自分の財産の相続税評価額と相続税額を予測計算してもらう。
- 相続税対策の最終形「相続税＜亡くなった後に残った現金・預金」を目指す。

4. 税理士に記帳と申告をメインでお願いしている

1　その税理士との付合い方はもったいない

　大家（地主、サラリーマン不動産投資家）のみならず会社経営者にも共通しますが、税理士に記帳と申告だけを依頼することは、本当にもったいない税理士の使い方です。

　記帳はできるだけ自分で行い、税理士には申告と各種相談（税務面、事業面と生活面の資金繰り）に乗ってもらうほうが、大家にとっては事業上プラスになるのです。

2　税理士との正しい付合い方

　「税理士とのコミュニケーション不足」は様々な不動産経営上の問題を深刻にします。

　逆にいうと、大家（地主、サラリーマン不動産投資家）と税理士がこまめにコミュニケーションをとっていれば問題が大きくなる前に適切な対策を打つことができます。

　コミュニケーション不足の理由で、代表的なものが以下の二つです。
① 年一回、帳簿を作ってもらうときだけ税理士に連絡する。
② 相談したいことがあって税理士から顧客に連絡をしても、回答しても

らえない。

どちらの場合も、税理士が「顧客の相談にタイムリーに乗れない」ことで問題が大きくなってしまうのです。

税理士にたくさん相談すると料金が上がるのではないか、と不安に思うかもしれません。

しかし安心してください。よい税理士であれば、電話やメール等で簡単な相談をしても料金が発生することはないため大丈夫です。

もちろん個別性の高い相談や業務処理をお願いしたときには、それに見合った報酬を支払う必要はあります。

しかし、一般的な税務アドバイスの料金は毎月の顧問報酬に含まれている場合が多いので、特別な相談事がない限りは追加料金を心配しなくてよいのです。

取るべきアクション

- 自分の税理士を記帳のみならず、税を含めた経営の相談相手にする。
- 自分の税理士が相談に乗ってくれない場合は、別の税理士に変更することも検討する。

なお、税理士を変更したら自分の秘密を言いふらされるのではないか等と心配されるかもしれません。

しかし、恐れることはありません。税理士には守秘義務（税理士法第38条）があるので、秘密が漏れることはありません。もしも税理士が秘密を洩らしたなら、税理士会に懲戒処分を請求しましょう。

> **参考**
>
> (秘密を守る義務)
>
> 第38条　税理士は、正当な理由がなくて、税理士業務に関して知り得た秘密を他に洩らし、又は窃用してはならない。税理士でなくなつた後においても、また同様とする。

5. そもそも相談する相手を間違えている

歯が痛いのに、眼科に行く人はいません。

しかし、旧来地主の多くは、法律上の問題なのに知合いの税理士に相談したり（本来は弁護士が専門）、土地登記の権利移動の問題なのに友人の社会保険労務士（本来は司法書士が専門）に相談したり、専門的知識もないのに父母や配偶者のいうことを根拠なく信じたり等、通常の経営者がやらないことを平気でやる人が多数存在します。

相談は、最初からその道のプロか、せめて詳しく勉強している家族だけに行うべきです。決して独断で実行しないようにしましょう。

以前、自分が他界した後の遺産分割でもめないように財産の分割方法について遺言を作ろうとした男性がいました（相続人：実子4人と養子1人）。

その男性の実子は皆別々に暮らしており、養子だけが同居して男性の身の回りの世話をしてくれていたため、実子よりもその養子に財産を多く継がせようと男性は考えていました。

その男性は、実子と養子がもめる危険性があることを予想して公正証書遺言作成を思いたちます。問題はその作り方にありました。

男性は、公正証書遺言を作るのに、弁護士・司法書士ではない昔からの知合いに依頼したのです。

しかし、その知合いは公正証書遺言を作るプロではありませんでした。一応かたちにすることはできましたが、残念なことに不備があったのです。

結果として作成した公正証書遺言から土地の一部が漏れ、遺産分割をせねばならず、結局相続人の間で遺産分割協議をせざるを得なくなったのです。

遺産分割協議では、恐れていたとおり、実子と養子の間で諍いが生じてうまくいかず、相続人兄弟間で感情的なしこりが残ってしまいました。

ちなみに、なぜ土地の一部が記載から漏れてしまったのかというと、公正証書遺言を作成する際に「土地の評価証明書」を取らずに「固定資産税の課税証明書」を公証人に渡したため、非課税だった土地が2筆漏れていたからでした。

プロであれば絶対にしない、初歩的なミスといわざるを得ません。

取るべきアクション

- 専門が異なるプロや、父母・配偶者・子どもや知合いに相談してはいけません。
- 詳しくない人は自分の独断で行動してはいけません。
- 必ずその道のプロに相談すること。

次世代大家が知っておかなくてはいけない三つの投資基準

1. 土地を時価評価したうえでの利回りで投資判断をする

1 土地の価格を無視しない

　全く資産を持たずに不動産投資の世界に参入してきたサラリーマン不動産投資家と異なり、先祖から不動産を相続してきた旧来地主は利回りの捉え方に甘い点があります。

　彼らの元には、親の代から付合いのある税理士や不動産業者、金融機関等から頻繁に不動産売買の提案が舞い込みます。

　その提案はサラリーマン不動産投資家が羨むであろう１％未満の低金利に好立地なものも多く、一見すると非常によい提案に思えます。

　具体的に多いのは、駅近の立地に新築のRCの建築の提案です。特に東京23区内で駅近のRC、表面利回り７％程度のものを提案してきます。

　そもそも、新築で７％というのはすべての条件を加味してシミュレーションすれば、儲からない水準ですが、その是非は後の章にて詳しく解説します。

　まずは、この好待遇の提案すなわち、低金利・好立地の新築で表面利回りが７％という提案の正しい捉え方について言及します。

　次世代大家であれば、すぐにピンとくることですが、すでに土地を所有している地主に業者が提案してくる物件の価格はあくまで建物だけです。

　通常、土地を持たない人であれば、まずは土地を購入し、そのうえで建築を行わなくてはなりません。そのため表面利回りも、土地の購入及び建

物の建築費用を合算して計算します。

　不動産業者が用いる業者専用の取引サイト「レインズ」を見れば、土地と建物を合算して表面利回りが7％といった東京23区内の新築アパートやマンションが散見されます。

　東京23区内で土地・建物を合わせた新築アパートの利回りが7％というのは決して優秀な数字ではなく、凡庸な利回りです。

　さて、東京23区では土地・建物を含め7％の新築は凡庸といえるのですが、その基準に照らし合わせると、旧来地主の元にやってくる提案は果たして優れているでしょうか？

　土地は自前であくまで建物の費用のみを分母に表面利回りを計算しているにもかかわらず、利回りがたったの7％とは、投資に値する水準といえるのでしょうか？

　地主であれど土地をタダだと認識してはいけません。確かに土地代はかかりませんが、仮に土地代がかかったとしたら、その業者の提案する物件の表面利回りはどのようになるかを見なくてはならないのです。

　その方法は簡単です。土地の時価評価を取得価格と想定して、表面利回りを再計算するのです。

2　土地の価格を足して利回りを計算してみると…

　例えば、時価2億円の土地に2億円のマンションを建設する提案書をみます。提案書には、年間家賃収入1,400万円、建築総額2億円、表面利回り7％（1,400万円÷2億円）と記載されています。

　しかし、次世代大家としての、この投資の認識方法は、土地の時価2億円を計算に入れ、表面利回り3.5％（1,400万円÷4億円）と考えます。

　業者の提案書にある表面利回り7％という、東京23区内では一般的な利回りも、土地を加味するとたったの3.5％となり、サラリーマン不動産投資家であれば誰も見向きもしない低利回りの投資だったことが判明します。

　すでに土地を保有する地主は、見かけ上の（建物だけの）表面利回りでは

なく、その裏に隠された土地（の時価評価）をコストに組み込んだ投資判断をする必要があります。それが旧来地主から次世代大家への脱皮の第一歩なのです。そして、今すぐに時価評価を調べる方法やそれを加味した利回りの再計算等、税理士に助言を求めなくてはなりません。

　次世代大家として目覚め、そのアドバイザーとしてふさわしい税理士を探すためにも、まずは手元にある数々の業者の提案書を再計算しなおすところから始めてください。

2. 自己資金回収年数で投資判断をする

1　自己資金回収年数とは

　次世代大家としての必須の投資基準、二つ目は「自己資金回収年数」です。

　「自己資金回収年数」とは、最初に投入した現金を何年で回収できるかということを表した指標です。

　ちなみに、その逆数はＲＯＩ（Return On Investment：投資収益率）と呼ばれ投資の世界では一般的に用いられています。

　ただし、このＲＯＩは不動産投資においては直感的にわかりづらいという難点があります。そのため、不動産投資においては「自己資金回収年数」を用いて投資判断をしたほうが簡便でよいと考えます。

　不動産投資はその資金の大半を借入でまかないますが、登記費用やローン手数料等、諸費用の支払に最低でも物件価格の5～10％は自己資金を用いなくてはなりません。

　また頭金を10～20％ほど投入することもありますので、その場合に必要となる自己資金は諸費用も合わせると物件価格の15～30％ほどになります。

　例えば10億円の物件であれば、最初に投入する自己資金は最低1億5,000万円程度となります。

　この物件が稼ぎ出す税引後手取りキャッシュフローが年間3,000万円

だとすれば、「自己資金回収年数」は、5年（1億5,000万円÷3,000万円）ということになります。

つまり「自己資金回収年数」とは、物件から生み出される税引後手取りキャッシュフローだけで最初に投入した現金を回収するには何年かかるかを表しています。

この年数が5年程度であれば、非常に優秀な投資といえますし、10年であればそこそこの投資といえます。

しかし、これが30年、35年かかっても最初に投資した金額を回収できないとしたら、果たして投資すべきかどうか再考が必要です。

さて、この「自己資金回収年数」は、あくまで毎年の税引後手取りキャッシュフローをベースに計算します。

この指標の意味するところは、物件そのものや土地の値上がり益であるキャピタルゲインではなく、毎年の家賃収入であるインカムゲインに軸足を置いた経営を行うべきということです。

不動産投資は、購入に始まり毎年の経営及び最終的な売却を行うことで、最終損益が決定します。

極端な例をいえば、毎年100万円の赤字を30年間続けても、最終的に1億円ほど値上がりして売ることができれば7,000万円のプラスになるということです（売却益1億円－赤字3,000万円＝7,000万円プラス）。

しかし、人口減少下の日本で30年後に土地が値上がりして売れるという予測は、楽観的すぎます。

より現実的なのは、30年後の築古物件は値下がりして売るという未来ではないでしょうか。

つまり、保有している間のインカムゲインで早期に初期投資した自己資金を回収し、その後、収益に貢献する期間をどれだけ長く保つことができるかが重要だということです。

根拠のないキャピタルゲイン（値上による売却益）を見込んだ経営ではな

く、毎年の税引後手取りキャッシュフローだけでも十分に回るかどうかを判断して投資を行わなくてはならないのです。

そのための有効な判断基準が、「自己資金回収年数」なのです。

2　自己資金回収年数で見る業者の提案〜1億円の頭金が20年たっても回収できない計画

【事例】

地主A氏がご提案を受けた計画です。

A氏は立地のよい土地を持っており、不動産業者や金融機関からアパート等の建設を提案されることが多々あります。

そのなかで、最初に出した1億円の頭金がいつまでたっても回収できない残念な計画がありました。

その計画は駅前に中規模のマンションを建てる計画でした。建設価格は約8億5,000万円とかなり高額です。満室時の年間家賃収入は4,700万円、利回りは5.5％です。

特筆すべきは利回りの低さです。土地そのものは自己所有しているにもかかわらず、この利回りなのです。もしサラリーマン不動産投資家のように土地を仕入れて建物を建設するとしたら、利回りはさらに半分程度になってしまうでしょう。

不動産業者は1億円ほど頭金を入れ、7億5,000万円を借り入れるように提案してきました。この提案に基づき、毎年の手取額を計算したところ20年でやっと1億円ちょっとになることがわかりました。

融資期間は30年での計算となりますので、当初に支出した頭金の1億円は建物を建築してから20年間回収できず、21年目からやっと本当の意味での手取りになるのです。

繰り返しますが、これは土地が自己所有のため、土地の購入代金は含まれていない計算です。頭金の回収に20年もかかるというのは、かなり長いほうです。

頭金の回収に20年程度かかるのは普通だと思われる方もいるかもしれません。しかし、それは誤った認識です。優秀なサラリーマン不動産投資家は、頭金を5年や10年以内に回収しています。

　5年や10年で回収できるという事実を知れば、頭金の回収に20年もかかるのはいかに非効率的な投資か、わかると思います。

　頭金の回収年数だけで投資の善し悪しが決まるわけではありませんが、5年や10年で回収できるということを知ったうえで、目の前の投資をすべきかどうかを再考してください。

3. 投資対象エリアの賃貸ニーズ・稼働率で投資判断をする

1　その物件に住む人はいるのか〜羽生ショックから学ぶこと〜

　次世代大家として投資判断を行うために必要な基準の三つ目は、「賃貸ニーズ・稼働率」です。

　旧来地主に多いのが、自分の保有している土地にアパートやマンション等の投資物件を建築し、相続対策とする、というパターンです。

　金融機関や不動産業者が建設計画を提案してくるので致し方ないことではありますが、これが大きな誤りのもととなることも多いです。というのも、自分の保有している土地の周辺に本当に賃貸ニーズがあるのかということを勘案せずに、建築してしまうからです。

　賃貸ニーズがないところに多数の賃貸物件が建設されたという有名な事例として、「羽生ショック」というものがあります。

　これは埼玉県の羽生市で野放図に賃貸アパートを建設した結果、需給バランスが崩れ賃貸物件の半分以上が空室という事態を招いた事例です。

　駅から遠く、田畑だったところ、つまりニーズがないところにサブリースを売りにした業者の営業マンのいわれるがままに物件を建てた結果です。

　そして、これは何も羽生市に限ったことではありません。日本全国47都道府県のうち、約40の県で人口が減少しているという事実に基づけば、

大抵の土地の将来が見えるでしょう。

2　投資判断は賃貸ニーズ・稼働率を出発点に行う

　東京、大阪、名古屋、福岡や札幌等、一部の大都市圏に土地を保有する地主を除き、それ以外の地域に土地を保有する多くの地主は賃貸ニーズの減少に直面します。

　この悲観的なシナリオに対抗するためには、自分の土地ありきで投資判断をする旧来地主から、そのエリアの賃貸ニーズや稼働率をベースに投資判断をする次世代大家になるしかありません。

　サラリーマン不動産投資家だけでなく、親世代から土地を引き継いだ次世代大家は、投資を行う際にまずそのエリアの賃貸ニーズを調べます。

　家賃相場はいくらなのか、築年数や駅からの距離でどれくらい価格が変わるのか、賃貸物件は多いのか少ないのかといった賃貸の動向を調べるのです。

　具体的には、インターネットの賃貸サイトを参照するとともに、駅前の不動産屋を覗いて調査をします。

　そして自分の保有する土地には賃貸ニーズがあるのかないのか、ある場合はファミリー向けなのかシングル向けなのか、男性向けか女性向けかといったエリアの特性を調べます。

　そして、ここが重要なのですが、万一自分の保有する土地に賃貸ニーズがないと判断したら、迷わずその土地に対する投資をしない判断を下します。無理をしてその土地にそぐわない賃貸物件を建設しても、稼働率が低迷されることが予想されるためです。

　自分の持つ土地に固執せず、別途、賃貸ニーズのあるエリアを選定し新たに土地を探します。そうやって、賃貸ニーズと稼働率を確保できる物件を建築・購入するのです。

　「土地の有効活用」というCMをテレビでよく見かけますが、有効活用できる土地というのは実はとても限られています。

人口減少時代に、自分の保有している土地が有効活用できる好立地である確率は極めて低いと考えるのが健全な思考というものです。

　次世代大家は自分の土地の有効活用ではなく、そもそもの「賃貸ニーズ・稼働率」を出発点に投資判断をする必要があるのです。

💡 大家さん革命

　自分の土地に固執するのは愚の骨頂です。先祖伝来の土地を所有すること、そのこと自体が貴いわけではありません。

💡 取るべきアクション

　自分の土地に住みたい人がいるのか、今すぐ賃貸サイトで検索しましょう。

第 2 章

不動産経営のためには、こんな税理士と付き合おう！

"税を制する者が、不動産経営を制する"時代

　そもそも、税金は不動産経営における最大のコストです。

　通常、所得税、住民税、復興特別所得税、個人事業税が課されます。また、租税ではありませんが国民健康保険料もかかってきます。法人でも、法人税、地方法人税、住民税、法人事業税が関係してきます。

　それから、法人個人を問わず、購入時にかかる登録免許税、印紙税、不動産取得税、保有にかかる固定資産税、建物本体の消費税等たくさんの税目が関係します。

　しかし、これらに加えて、着々と負担を増している税目があります。

　それこそが、相続税を中心とした資産課税強化なのです。

1. 相続税の課税強化

　平成27年1月1日以後に相続または遺贈により取得する財産にかかる相続税の基礎控除が引き下げられた等の税制改正が行われました。

　この改正により、相続税の課税対象者割合は改正前と比べて1.8倍に増加しています（平成26年における課税対象者割合は全体の4.4％だったものが平成27年には8.0％となっており、その後もその水準を保っています）。

2. 財産債務調書制度

　「財産債務調書制度」とは、所得税・相続税の申告の適正性を確保する観点から、一定基準を満たす納税者が保有する財産・債務にかかる調書の提出を求める制度のことです。ありていにいえば、たくさん資産を持ってい

る人は、何を持っているか国に申告する、という制度です。平成28年1月から施行されています。

　この基準によれば、資産が3億円以上ある人等一定の要件に該当する人は、調書の提出を求められます。

　特に、資産拡大を続けてきたサラリーマン不動産投資家や先祖代々の地主の多くはこの制度の対象者となる可能性が高く、注意が必要です。

　なお、調書に記載漏れがあった場合、その漏れた財産が稼ぎ出す所得に対する所得税について、申告漏れがあった場合に過少申告加算税等が加重されます。

　例えば、アパートを調書に記載せず、そのアパートの家賃から発生する課税所得に漏れがあった場合、通常より大きなペナルティを受けるということなのです。

　少しでも基準を超えそうな場合は、必ず顧問税理士に相談したほうがよいでしょう。

3. 国外財産調書制度

　「国外財産調書制度」とは、居住者でその年の12月31日に国外財産を5,000万円超保有している者は、一定事項を記載した「国外財産調書」をその年の翌年3月15日までに、所轄税務署に提出しなければならない制度のことです。

　近年流行している、アメリカやオーストラリア、中国等の不動産投資を行っている人は、その居住地が日本であれば上記の「国外財産調書制度」の対象者となります。

　この制度には罰則があり、故意に不提出の場合は「1年以下の懲役又は50万円以下の罰金」が科されます。

　一般の人にあまり知られていない制度なので、海外不動産を検討している人は注意してください。

取るべきアクション

　大家（地主、サラリーマン不動産投資家）に対する税金は近年、増税の一途をたどっています。

　対策が後手に回らないためにも、こまめに顧問税理士に確認し、情報のアップデートを行いましょう。

税理士が必要になる規模はどのくらいから?

　賃貸アパートを経営している人にとって、どのタイミングで税理士に依頼するかは迷うところです。最初は自分で確定申告をしてみたが、よくわからなかったので税理士に依頼するようになったという人もいれば、最初から税理士に依頼している人もいます。

　一般的にいって賃貸アパートやマンションでは、合計3棟以上所有している場合は税理士に依頼したほうがよいといえます。

　というのも、この規模の不動産投資をしている人は所得税も大きいうえ、相続税の生前対策が必要となるからです。当然、税理士報酬は発生しますが取る対策次第では、そのほうが安上がりで済むこともありますので、早めの対策を心がけたほうがよいです。

　もちろん、前述以下の規模でも個別の事業相談にのってほしい場合は税理士に依頼したほうがよいでしょう。依頼する場合、単発のスポット相談と、継続的な顧問契約がありますが、おすすめなのは日々の相談から申告書作成まで行ってもらう顧問契約を結ぶことです。税務署でも無料で相談に乗ってもらえますが、あくまでもスポットであり「一般的回答」に終始します。

　個別の相談だけを税理士にスポット的に依頼したいというニーズもありますが、税理士の目線では、それができるのは相続税の相談くらいです。

　相続税の相談以外は、継続的な取引・日々の生活状況等が明らかでないと回答できないこともたくさんあり、お客様の100％の解決に繋がる回答はできない場合がほとんどです。

前述のとおり、税理士に記帳だけをお願いするのはもったいない使い方です。アドバイザーとしての税理士は、大家（地主、サラリーマン不動産投資家）だけでは思いつかない税務上の解決策を提案してくれます。

一方、記帳は簿記の教科書どおりに行えば自分でもできることです。本来、自分ではできないことを依頼しているからこそ税理士報酬を支払っているわけですから、自分でできそうなことは自分で行い、その分、別のことに税理士報酬を使用しましょう。

最後に、不動産賃貸法人を運営している人は賃貸物件の棟数を問わず、税理士に依頼したほうがよいでしょう。というのも、個人と異なり法人税の申告書作成は一人では難しいからです。法人税の申告書作成を社長自ら行うことで本業の時間が奪われてしまうのは、本末転倒です。

大家さん革命

税理士は、大家（地主、サラリーマン不動産投資家）の「手足」ではありません。自分で見ることができない遠い未来を見ることができる「千里眼」を持つものなのです。

うまく税理士を活用できれば、今はまだ見えていないけれど、将来起きる可能性が高い千里先の「税の盲点」を見定めて、不安を事前に取り除くことができるでしょう。

せっかく税理士に依頼するのであれば、記帳等の「手足」として利用するのではなく、「千里眼」として最大限に有効活用しましょう！

こんな税理士には、要注意！

1. 有効活用法が見込める土地なのに、むやみに売らせる

1　売るのは最後の手段

　不動産を相続した場合、最初に考えるべきことは、その土地を活用できるか（もっと上手に運用できるか）を見定めることです。

　その邪魔をする税理士は、顧問に迎えてはいけません。邪魔をする税理士とは、むやみに土地を売らせようとする税理士のことです。土地活用に堪能な税理士は、むやみに土地を売らせません。

　税理士自体はたしかに土地活用のプロではありません。しかし、土地活用に堪能なブレーン（不動産コンサルタント、ハウスメーカー、不動産仲介業者等）や土地運用に欠かせない専門家（弁護士、司法書士、土地家屋調査士等）と緊密なネットワークを保有していることがあります。そのようなネットワークを持つ税理士をパートナーとしましょう。

2　不動産運用に強い税理士を見分ける三つのコツ

① 税理士側から最初に土地活用の提案が出てくるか

　こちらから具体的に問いかける前に、税理士サイドから土地の活用についてのアドバイスが出てこなければ、アドバイザーとして迎えるのは要検討です。

② 提案内容が複数出てくるか

　土地活用に知見があれば複数の提案が出てきます。もし提案が一つしか出てこなかったとしたら、「アイデアを複数案検討した痕跡があるか」

をそれとなく聞くことで、相手の知見の深さを測ることができます。
③ 建物建築の「デメリット」を述べてくれるか

　土地活用の提案ではハウスメーカーを伴うことが多々あります。ハウスメーカーがいなければ、新築を建設することを含め相続税対策の幅が狭まるため、ハウスメーカーと組んで提案をすることは悪いことではありません。

　しかし、なかには提案内容をハウスメーカーに丸投げする税理士もいるのです。その典型が、提案時に同席しない税理士です。このような税理士はアドバイザーに迎えてはいけません。

　そのうえで、税理士に同席してもらう場合は、その税理士に「その建物を建てた場合のデメリット」を意図的に質問します。

　いわゆるクリティカルシンキング(懐疑的思考)の発想で、その税理士の能力とその提案のメリット・デメリットを把握することが目的です。

　土地活用にかかわらず、能力のある税理士はどんな問題に対しても、必ず「盲点」を把握することができるものです。

　その税理士がその土地活用のデメリットを論理的に説明でき、さらにはその対策まで提案することができれば、アドバイザーとして信頼に足るといえます。

2. 有効活用法が見込めない土地なのに、アパマンを建てさせる

1　業者の無料税務相談

　無料で行ってくれるからといって、業者の営業マン経由で税務相談を行う場合、慎重になりましょう。

　悪質な場合、タックスプランニングの行き着く先は、むやみにアパマンを建築するという策につながる場合もあるからです。

　どうしても、その税理士に相談したいのであれば、直接顧問契約をするべきです。

税務相談自体は問題ないのですが、建物を売るために税務コストがかかる提案をしてしまったり、後々、争族の火種となるようなタックスプランニングをしてしまうことがあります。

結果として適切な税務対策はできず、単なるアパマン建設に終始したソリューションばかりになってしまうこともあるのです。

2　税務上コストがかかるうえ、後で争族となるプランニングの事例

【事例】

この事例に登場するのは、母親（88歳）、長男（68歳）、二男、三男の家族です。この家族は代々農家を営んでおり、父親はすでに他界しています。

長男は母親が父親から相続した広大な敷地を虎視眈々と狙っています。しかし、母親自身はその長男に全幅の信頼を置いている、そんな家族です。

上記のような状況において、ある営業マンが長男に対して、顧問税理士によるタックスプランニングを抱き合わせて、1億円のアパート新築契約を取り交わしました。

そのタックスプランニングとは、二男三男に内緒で母の所有するマンションと底地をマンションのローン残高とともに「負担付贈与」するということでした。

一見すると、「ローン残高＝贈与額」なので贈与税がかからないというふうにもとれるのですが、ここが思わぬ落とし穴でした。

この場合の負担付贈与は、税務上二つの問題を背負っています。それは①長男に贈与税が課税されること、及び②母に所得税が発生する可能性があることです。

長男は「マンション建物と底地の時価からマンションローン残高を差し引いた金額」に贈与税課税され、母は「マンション建物と底地をローン残高で売却した」とみなされるからです。

なにより、「マンションと底地の時価」を把握することが一般の人には極めて困難なため、不動産鑑定士に鑑定評価をしてもらうことが実務上必要

となります。鑑定料は土地の筆数にもよりますが、50万円以上かかることがほとんどです。

この例では、素人考えで底地と時価を想定し、マンションローン残高を差し引いた金額で取引を行ったため、結果として長男に贈与税、母に所得税が発生し、将来の相続における火種を植え付けるかたちとなってしまいました。

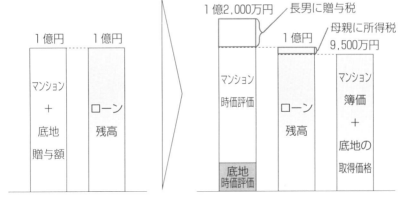

負担付贈与の想定と現実の違い

■母親と長男の想定
ローンと同額なら税金はかからないはず（という思込み）

■実際に行われた税務処理
底地とマンションの時価評価が1億2,000万円
底地の取得価格とマンションの帳簿価格が9,500万円
となり、長男に贈与税、母親に所得税が課された

➡土地・建物の時価評価は素人には困難。ずさんなタックスプランニングによる負担付贈与は行うべきではない

3 まとめ

業者が提案するタックスプランニングは、不完全な税務対策であることもあります。もし、あなたが提案を受けていたとしたら、今すぐ、顧問税理士に意見を聞いてみてください。

優秀な税理士であれば、このタックスプランニングに問題があるか否か

や改善点をわかりやすく教えてくれるでしょう。

信頼できる顧問税理士がいない人は、アパマン建設の契約をする前に、早急に優秀で善良な税理士と顧問契約を結ぶことをおすすめします。

税理士の顧問料は年間たいした金額ではありませんが、アパマン建設は億単位の負担となります。「一文惜しみの百失い」にならないように気をつけてください。

3. 専門用語を別の言葉に変換できない

1 説明能力がある税理士ほど、わかりやすい言葉を使う

税理士は記帳マシンではありません。あなたの土地経営の相談相手です。そして顧問税理士を選ぶときは税に関する説明能力があるかどうかを見抜いてから付き合うべきです。

先日、「税理士に騙された！」という相談を受けることがありました。税理士にいわれたことを全く理解しないまま不動産運用を行って利益が出なかったとのことでした。

詳しく確認したところ、「税理士が不動産運用時に多数の専門用語を用いていたため説明があまり理解できなかったが、わかったふりをして鵜呑みにした」ということでした。

わかったふりをしたその方にも問題があることは確かですが、一番問題なのは相手が理解していないにも関わらず、その税理士が専門用語を多用し話を進めたことです。

万一、あなたがそのような状況に直面した場合は「その専門用語はどういう意味ですか？」と税理士に問いかけてください。

説明能力のある税理士であれば、専門用語をかみ砕いて説明してくれます。そして、その説明がわかりやすく理解できるものかどうかで、その税理士と付き合ってもよいかどうかを判断してください。

2　説明上手な税理士の見極め方

「専門用語」について説明を求められたときに、税理士がとる行動パターンは三つです。

① 税法に則って詳しく説明する

　　顧客は税法講義を聞きたいわけではありません。大学の税法講義を聞かされても、顧客の理解は深まりません。つまり、相手が理解できる別の言葉に変換されていないのと同じでありトートロジー（同義反復：同じことのくりかえし）となります。

② そもそも説明できない

　　顧客としては「この税理士に頼んだらまずい」と、思わざるを得ないでしょう。即座に税理士を変えるべきです。

③ 最初にイメージがわく説明と顧客メリットを説明する

　　法律に則った詳しい説明は後からする前提で、まずは顧客に全体像とメリットをわかりやすい言葉で説明できる税理士は説明上手です。

もちろん③に該当する税理士を顧問に迎え入れてください。身近にそういう税理士がいない場合は、行脚して見つけましょう。

4．ウマが合わない

税理士は、能力だけで選ぶと失敗します。

人間ですから「ウマが合う・合わない」というのも重要なポイントです。

そもそも人間は、嫌いな人の話を聞きません。学生時代に、好きな先生が教える教科は、いつの間にか好きになっていたなんていうことが、ありませんでしたか。それと同じで、なんとなくウマの合う税理士の意見は心が動くものなのです。

もちろんアドバイザーとしての資質を満たしていることが大前提ですが、そのようなウマの合う税理士と一緒に不動産運用を考えていくと、苦しいときでも支えあって進むことができるのです。

ウマの合わない税理士に払う報酬は、気持ちのうえで何だかもやもやが残り、ムダづかいのように感じてしまいますが、ウマが合えば純粋に感謝の気持ちで支払うことができるでしょう。

取るべきアクション

　本当にウマが合う税理士と出会うために多くの税理士と話をしてみましょう。

　今の顧問税理士とウマが合わないけど、心理的に契約を打ち切れない、と考えるオーナー・事業主は多数います。

　また、税理士は依頼者の個人情報を多数把握しているため、ウマが合わないという理由で税理士を変更したら報復を受けるかもしれないと恐れている人も多いと聞きます。

　前述のとおり、税理士には守秘義務（税理士法38条）が存在します。

　そして、これに反すると「2年以下の懲役または100万円以下の罰金」が科されるのです（税理士法59条）。

　ですから、税理士を変更したという理由で個人情報を悪用した報復を受けることはありません。

　能力が高くて更にウマも合う最高の税理士を見つけたら、顧問税理士にするべきです。

　経営者と税理士のウマが合い、長く信頼関係を結べるパートナーシップを築くことができれば、事業をより盤石にすることができるのですから勇気を持って検討しましょう。

「不動産経営に強い税理士選び」の六つのポイント

1.「税引後キャッシュフロー計算書」で数字を説明できる

　あなたの不動産が「負動産」になるのは、あなたが投資物件を「税引後キャッシュフロー」をベースにして意思決定できないからです。

　本来、「税引後キャッシュフロー」は税理士が説明するべきことですが、その内容を正しく理解してわかりやすく説明できる税理士は少ないのが現状です。

　税引後キャッシュフローの知識を使いこなせる税理士を見つけたら、掘り出し物だと認識してください。

　不動産経営において、税金は最も大きいコストの一つです。

　したがって、収支シミュレーションを行うときは、固定資産税・不動産取得税等はもちろんのこと、所得税（大家法人は法人税）・住民税を考慮した「税引後キャッシュフロー」の収支額をはじき出してその物件に投資すべきか否かを考えなければなりません。

　しかしながら、業者の提示する収支シミュレーションには、所得税・住民税の支払を考慮していないものが多いのです。

　所得税・住民税は、今のところ自分で計算するか税理士に依頼するしかないのです。

取るべきアクション

自分で所得税・住民税まで計算できる人は問題ありません。

しかし、以下の人は「税引後キャッシュフロー計算書」の作成を税理士に任せて、自分はそれをもとに投資判断しなくてはなりません。

① 自分で税金を計算できない人
② 自分で今から勉強するのは手間がかかりすぎる人
③ 忙しくてその時間が取れず、考えただけで億劫だという人

税引後キャッシュフロー計算書の作成をスタンダードメニューにしている税理士を選びましょう。

2. 相続税の節税知識と実務経験が豊富である

1　相続税に弱い税理士、強い税理士

税務の世界では、以下の三つをまとめて「資産税」といいます。

① 相続税
② 贈与税
③ 所得税のうち譲渡所得（土地建物、株式）

この3分野は税目こそ分かれていますが、密接な関係があり、税のシミュレーションを行うときは分けて考えることはできません。

例えば、祖父が孫に不動産を贈与したい場合です。

往々にしてこのような贈与は、祖父の相続税減税が目的ですが、最初に祖父の相続税減額効果と、孫が支払う贈与税額を計算し、本当にその贈与が相続税・贈与税トータルで減税になっているか確認することが必要になります。

その他、適切な贈与のタイミング、贈与成立の証拠整備、相続時精算課

税贈与の選択、その土地以外の贈与の場合の祖父の相続税の減額効果の計算、また、これが孫への贈与ではなく、譲渡の場合はどうなるか等の、別のシナリオでのシミュレーションを行うのは当然のことです。

資産税は、入り口が贈与税の顔をしている問題でも、出口が相続税や譲渡所得の問題になる「税のねじれ現象」が発生しやすい税目です。

しかし、この3分野は税法解釈のグレーゾーンも多く、難易度も高めとなっています。とりわけ相続税は、依頼があっても引き受けない税理士もいます。

相続税の問題は、開業したての会社オーナーではなく昔からの会社オーナーに起こる問題です。

昔からの会社オーナーは一般的に親の代からの税理士を顧問にしていますが、その税理士が相続税に明るくないこともあります。

親の代からの税理士ではなく、若い税理士に顧問を切り替えた会社の二代目、三代目オーナーもいますが、相続税案件については、これに強い税理士にさらに依頼しなおすことが多々あります。

一度依頼したのに結局、別の税理士事務所に依頼し直さなくてはならないといった二度手間を省くためにも、不動産経営の相談は、最初から相続税に強い税理士に依頼することが賢明かもしれません、

相続は突然訪れるため、準備不足で知合いの税理士にパッと飛びつく気持ちはわかりますが、それはあまり賢い選択ではありません。その税理士が相続税に詳しいとは限らないからです。生前対策から一緒に行ってもらえる相続税に強い税理士に依頼することこそが賢い選択なのです。

相続税の調査割合（税務署が調査に来る割合）は年によっても異なりますが、だいたい22～24％程度です（約5件に1件程度）。

法人税・所得税の調査割合が3～4％なので、税務署に提出した相続税申告書は他の税目よりも段違いに税務調査リスクにさらされているのです。

相続税に強い税理士は、生前対策支援や納税予測や書面添付等の様々な

手法で、相続におけるリスクを最小化する手立てを講じてくれることでしょう。

2　相続税に強い税理士を見つけるための「三つの質問」を駆使して不動産を守る!

　では、相続税に強い税理士に依頼するには、どうしたらよいでしょうか。この人はどうかな、と思った税理士に以下の三つの質問をしてみてください。

① 質問1

「この12か月で何件の相続税申告をしましたか?」

　この質問に対する答えが、二人以上であれば全国平均以上となります。

参考：平成27年の相続税申告者数103,043人（国税庁ホームページより）。これを税理士の人数76,314人（平成29年5月現在　日本税理士連合会ホームページより）で割ると、「1.35人」（税理士一人当たり年間相続税申告件数）。

② 質問2

「今まで相続税の申告を何件手がけ、そのうち調査は何件ありましたか?」

　この質問に対する答えが、22〜24％以下なら全国平均より優秀といえます（前述参照）。

③ 質問3

「相続税の申告だけでなく、今後取るべき方向性も教えてもらえますか?」

　その人に合った土地の活用方法シミュレーション、二次相続対策、信託・事業承継税制の提案等多数のオプションを出せるとすれば、優秀な税理士です。

　これらの三つの質問を聞いたうえで、さらに、「その税理士とウマが合えば」依頼するのがよいでしょう。

図表1

■資産税は三つあわせて考えなくてはいけない

三つの税は密接な関係があり、シミュレーションを行う場合あわせて考える必要がある

図表2

■相続税対策として祖父から孫へ土地を贈与した場合に発生するねじれ

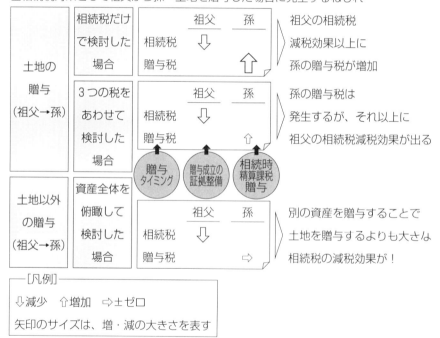

➡土地の贈与だけではなく全体を俯瞰した対策を提示できるアドバイザーを選びたい

3. 税務調査への対応力がある

1　税務調査に弱い税理士、強い税理士

　税務調査への対応力のない顧問税理士のために、避けられたはずの税負担を追うことがあります。

　税務調査に強い／弱い、とは、次の二つのことができるか否かで判断します。

　① 税務調査で指摘されないように、あらかじめ予防線を張っておくことができる
　② その会社の状況に合わない節税方法は勧めない

　そのような税理士を見極めるためには、どうすればよいのだろうかと疑問に思うかもしれませんが、心配ご無用です。その税理士に税務調査の対応力があるかどうか見分けることができる簡単な質問があるのです。

　それは、「私の税金がもっと安くなる方法を教えてください」というシンプルな質問です。この漠然とした質問を受けると、ほとんどの税理士は税法上の規定に書いてある節税方法から説明を始めます。

　しかし、税務調査に強い税理士は、これに加えて「会社内部の仕組みを使った節税方法」を説明するのです。

　一例を挙げると、社長が社用で外出した際に日当（出張旅費）を支給するというものがあります。

　これは税法の規定そのものを使わずに会社経費を増加させるのですが、そのためには様々な準備が必要となるのです。

　具体的には、出張旅費規定の作成、その会社の業種・業態、他の役員との整合性、日当の金額、出張そのものが嘘でないことを証明するための方法等の「税務署に疑われない証拠整備」等です。

　これらの具体的な内容や手順を顧問税理士がきちんと説明できるかをチェックしてみれば、調査に強い税理士かどうかはすぐにわかるのです。

前述の具体例はすべて、「税務調査で問われても大丈夫かどうか」という目線で構成されています。

逆にいうと、税務調査への対応力がある税理士は、予防線を張れないような危険な節税方法は絶対に勧めないということなのです。

いくらよい節税方法でも、会社の業態次第では、税務上否認される危険なものもあります。税務調査への対応力がある税理士は、むやみに節税だけを勧めることはしないのです。

2 「旅費が認められる会社」VS「認められない会社」の違いとは？

【事例】

Ｉ氏兄弟は、兄弟で都内と埼玉と大阪で数件の小さな居酒屋を営む経営者です。彼らはまだ30代ながらも、その才覚で次々にお洒落な居酒屋をオープンさせていました。

彼らの店舗は一店舗ずつコンセプトが異なります。例えば南国風や隠れ家風、海賊風等、インテリアが店ごとに異なるので、一見すると系列店には見えないのが地元の若者に支持される秘訣です。

このＩ氏兄弟の、兄のほうから税金対策についてアドバイスを求められた税理士は、出張旅費の日当をつけることを提案しました。

というのもＩ氏兄弟は系列の店舗を毎日のように移動しているからです。その日のアルバイトの人数や、お客さんの混み具合、あとは店員の教育等、各店舗で行わなくてはならないことは山ほどあり、それを社長であるＩ氏兄と共同経営者のＩ氏弟の二人で交代に行っていました。

税理士は、ここに目を付けたのでした。

出張旅費が成立するためには、いくつかの要件が必要です。具体的には下記の三つです。

① 出張という通常の業務と異なる業務を会社が役員・社員に行わせる必要があること

② 拘束時間が長くなることによる肉体的・精神的な疲労に対する補償

③ 出張することにより発生する外食費等の諸経費の補填

この三つは税理士が調査官に対して出張旅費の必要性を説明する要件ですので、非常に重要です。

まずは、これらの要件を盛り込んだ旅費規程、出張事績（出張記録）を証明するものを準備します。その後、規定どおりの金額を規定通りの決済方法（現金・振込）で支払います。

そのとき一つだけ気を付けなければならないのは、金額が高くなりすぎないことです。私見では、宿泊なしで一日 5,000 円程度であれば、否認されるリスクは低いと思われます（もちろん、「社長日当が高いのでは？」と調査官に指摘された場合は、きちんと反論しないとそのまま否認されてしまいますので、気をつけてください）。

そうすれば、月々 15 万円（1 日あたり 5000 円×30 日）ほど、旅費交通費が増えるため、会社の税金が減ります。

日当等の出張旅費は通常必要な範囲内であれば、それをもらった人は非課税となるため、日当をもらった人の所得税が増えることはありません。

4. 書面添付を行っている

1 「書面添付制度」のメリット

「書面添付制度」とは、かいつまんでいうと、税理士が申告に際して計算、整理、相談に応じた事項を記載した書面を申告書に添付して提出することができる制度です。

書面添付されている場合、税務署は、納税者に調査開始の問合せ（これを「事前通知」といいます）をする前に、添付書面に書いてある事項について、まず税理士から意見を聞かなければなりません。

この制度の主なメリットは、二つあります。

① メリット 1：調査対象に選ばれにくくなる

書面添付なしの申告書に比べて、税務署にとって処理に手間が非常にか

かるため、仮に同じ内容の申告書が二つあった場合は、書面添付ありの申告書が調査対象に選ばれる可能性は極めて低いのです。
② メリット2：税理士の意見を聞く機会が与えられ、税務署が納得すれば調査が行われない

書面添付した税理士の意見を聞いて税務署が納得すれば、調査に移行しない（省略する）ケースがあります。

2 「書面添付」を正しく行うには

それでは、毎年どのくらいの割合で書面添付が行われているのでしょうか。平成28年度のデータで、税理士が関与している申告書のなかでの書面添付割合は、

相続税 15.6％

法人税 8.8％

所得税 1.3％

…となっています（『平成28年度国税庁実績評価書』）。

税理士に依頼する際は、その税理士が書面添付しているかを確認することがとても大事です。

なお、書面添付に虚偽表示（嘘の記述）があると書面を作成した税理士は罰則を受けます。

虚偽の記載を防ぐには会社内の情報を正しく把握する必要があるため「月次巡回監査」（税理士が毎月会社に定期訪問し、帳簿書類チェックや、記帳処理の正当性を確認すること）も併せて必要となります。

小規模事業主の多くは税理士に"年一"（年に一度、申告だけ頼むこと）でしか依頼しないため、所得税の書面添付割合は非常に低くなっているのです。

この書面添付割合は、相続税が最も高く15.6％となっていますが、それでも税理士が関与している相続税申告書の10件に8件は、書面添付がなされていない状態です。

しかも法人税・所得税には書面添付を必ず行う税理士ですら、相続税に

は書面添付しない場合が多々あります。

　なぜなら、法人税・所得税に対して、相続税の書面添付にはリスクが伴うからです。そのリスクは、書面添付に必要なエビデンス（証憑）がないということによって生じます。

　法人税・所得税は帳簿の取引記録や月次監査により経営成績や財政状態、事業状況が明らかでありエビデンスも必要十分に存在します。一方で相続税は帳簿や、通帳すら存在しない場合も多いため、被相続人の生前の状況が明らかでないからです。

　そのため、多くの税理士は相続税において書面添付を行わないのです。本来プロのアドバイザーたるべき税理士としては、相続申告書に書面添付ができるよう生前から準備を助言するべき立場ですが、いつ発生するかわからない相続に対して顧客にアドバイスできていないというのが現状です。

　なので、相続税の依頼をする際は、「相続税の書面添付をしていますか？」と必ず税理士に聞いてください。

　その答え次第で、その税理士に依頼したほうがよいかどうかが、すぐにわかります。

図表

■所得税・法人税「書面添付」のメリット

メリット	デメリット
✓ 調査対象に選ばれにくくなる ✓ 税務署は税理士の意見を聞かなくてはならない	✓ 月次巡回監査コストの増大 ✓ 帳簿処理の正当性を保証するための内部統制コストの増大

➡「書面添付」は税務調査に対する防波堤として大きなメリットがある！

■所得税・法人税と相続税で書面添付がなされない理由の違い

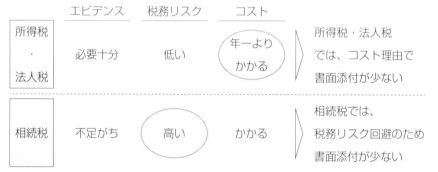

➡相続税対策は税務リスクが高いため、書面添付をしない場合が多いが本来、書面添付をできるようにアドバイスするのが真のアドバイザー

5. 大家の成長を促す力がある

　人口減少社会の到来により、今後大家（地主、サラリーマン不動産投資家）にも経営能力が問われる時代です。そのような時代のなか、大家業の世代交代に必要なものは「相続税対策」だけではありません。

　この時代に必要なことは、大家（地主、サラリーマン不動産投資家）自身が経営者として独り立ちできるための能力を身につけることです。

　例えば
　・物件の持つ強みを定量・定性の両面から捉える能力
　・キャッシュフローを重視する経営力

- 先祖伝来の土地への執着心を捨てる力
- 金融機関や業者の提案をクリティカルに見る力
- 数字を読む力を身につける学習意欲
- 過去のしがらみに捕われず大胆な決断ができる意志力
- 上記すべてを行うための努力

等々、人により必要なスキルは異なりますが、上記のような力が必要不可欠となってくるのです。

とはいえ「数字を読む力」等は一朝一夕には身につくものではないため、どうしても税理士に頼らざるを得ないでしょう。

そのため、型にはまった相続税対策のみを提案してくる税理士ではなく、こちらの理解を促進してくれるラーニングサポーティブな税理士を選ばなくてはならないのです。

大家（地主、サラリーマン不動産投資家）の経営能力を伸ばしてくれる税理士は、相手の理解力や能力に合ったかたちでの学習コミュニケーション能力を持っています。

経営にとって、その税務対策がなぜ必要なのか、相手の土俵に乗って理解できるかたちで懇切丁寧に説明しなくてはならないのですから、非常に高度なコミュニケーション能力が必要となります。

そういう点において、次世代大家のパートナーとなる税理士もレベルアップが求められる時代になっているのです。

6. 専門家集団のネットワークのなかにいる

不動産の取引や相続において大家（地主、サラリーマン不動産投資家）を取り巻く問題には、下記のようなものがあります。

- 税金
- 法律
- 売買等による権利移動

・分筆合筆
・測量

　これらの問題は様々な分野にまたがっているため、一人ですべてを解決できる専門家は存在しないでしょう。

　そのため、士業のなかでも特に専門性の高い業務に特化している事務所は、提携先をいくつか持っていて、依頼主の性格や問題の内容に合わせて一番合う専門家をチョイスしてくれます。

　ただ、問題なのはそのような専門家をチョイスする理由が「顧客目線」ではないことがあるということです。

　相続税を担当する税理士事務所と提携している業者等は、その税理士事務所が紹介してくれた大家（地主、サラリーマン不動産投資家）と取引することができたとき、バックマージン等を税理士事務所に支払う場合があります。悪質な場合、「顧客に最も適している」のではなく、「業者が最も儲かる」ところを紹介されてしまうことにつながります。

　自分の利益を優先するのではなく、顧客の利益を最優先にする「顧客目線」を持った税理士と付き合わなくてはなりません。専門家集団の例としては、以下のようなものがあります。

・裁判実務に強い弁護士
・交渉能力の高い弁護士
・家屋の状態を診断できる建築士
・土地の確定測量が出来る土地家屋調査士
・経営の財務分析が出来る税理士
・交渉や商談ができる宅建士

　顧客に合った士業の専門家をコーディネートできるかが、問われているのです。

取るべきアクション

顧問税理士が優秀かを確認するためには…
- 税引後キャッシュフロー計算書作成はスタンダードメニューにあるか確認する。
- 相続税に強い税理士を見極める「三つの質問」をする。
- 税務調査の対応力を見極めるシンプルな質問をする。
- 「相続税の書面添付をしているか」と質問する。

相続税を恐れて我流の対策をした結果、大損した地主さんの話

相続対策はまず、見える化から。

ある資産家のお話です。

B氏は駅前の一等地を持っていました。しかし、その土地は何かに利用されている形跡はありませんでした。土地は更地のままで入口にはロープが張り巡らされており、なかには「立入禁止」の看板が立っていました。

B氏に聞いたところ、「将来自分の相続税の納付のために、あえて更地のままにしている」との答えでした。

私はてっきり、B氏が別の税理士さんの指導で、納税資金対策としてその一等地をあえて更地にしているものだと思っていました。

しかし、お亡くなりになってからB氏の娘さんから依頼があり、B氏の相続税の申告書を作ったところ、なんと億単位で預貯金を有しており、納付資金に困ることは全くありませんでした。

その旨を娘さんに伝えたところ、「父は生前、誰にも相談することなく自分一人で生前対策をしていましたが、父のやり方には正しくない部分があったのですね。とてももったいないことをしました」と残念がっていました。

もしB氏が正しい生前対策を行っていたとしたら、相続税負担や機会損失（土地を貸していたら得られたであろう利益）等で軽く見積もっても3,000万円くらいの差がありました。

しかし、B氏のようなケースは珍しくありません。

相続税の納税資金に余裕があるのに、有効活用が見込める土地を更地のままにしている人はたくさんいます。たとえ賃貸物件を建てられるような立地でも、売却しやすいように更地のままにしているのです。

つまり、プロに支払う報酬を節約したつもりが、逆にもったいないことをしているのです。

このようなもったいない状況を避けるためにも、まずは自分が亡くなったときに相続税がいくらかかるか把握しましょう。

そうすれば、納税資金の恐れを抱くことなく、効果的な土地活用で、あなたはさらにお金に余裕のある状況を作り出すことができます。
　くり返しになりますが、相続税納付資金の不足が怖いから、更地のままにしておくということは、とてももったいないこと。
　きちんと生前対策しておけば、あえて更地にして備える必要がないということです。
　大家（特に地主）がまずやるべきは、「相続税の見える化」です。

第 3 章

事例でわかる
今ある資産を
負動産化させない方法

これが負動産だ!!

> **1. 典型的な負動産①　固定資産税を賄うだけの土地、使用貸借している土地**

土地の活用は考えないでよい、毎年の固定資産税さえ払えればそれでよいんだ。

1　あなたの土地、今のままでよいの?

旧来地主のなかには不動産の積極活用は考えず、更地や駐車場等のままにしている人も多く存在します。

大きな災害の記憶も新しい昨今では、建物があると倒壊するおそれがある等、過度にリスクを恐れて駐車場のままにしているということも聞きます。

しかし、この対応には二つの意味で問題があります。一つは経営的視点からの問題であり、もう一つは相続税視点からの問題です。

2　経営的視点からの問題

その土地が駐車場以外に利用価値があるかどうか検討していない、ということが問題です。

不動産を経営するということは、その土地の持つ価値（潜在的なニーズ）を把握し、その価値を実現するような用途を模索するということです。

それはつまり、その土地を駐車場にするのが最も効率よく稼ぐ用途なのか、それとも商業ビルを建てるべきなのか、数値に基づき判断しなくてはならないということです。

そして、同じ駐車場でも都心の駐車場と田舎のそれとでは意味合いが異なるということを認識しなくてはいけません。

商業ビルや居住用のマンションのニーズがある都心で、あえて投資効率の悪い駐車場を経営する意味はあるのでしょうか。居住用のニーズがほとんどない田舎で、駐車場を経営する意図は何なのでしょうか。

はたしてそれぞれの選択は、しっかりと考え抜かれた結果なのでしょうか。多くは、なんとなく駐車場にしているだけではないでしょうか。

3　相続税視点からの問題

【事例】

弟が兄の土地に家を建てて、固定資産税相当額よりも安い地代で借り受けていたケースです。

40年前に兄A（当時45歳）の土地に、弟B（当時40歳）が自宅を建て、それ以来ずっと固定資産税相当額よりも安い地代を支払って兄から土地を借りていました。

その兄Aが85歳で亡くなり、兄の子C（弟Bから見れば甥）からAの相続税申告の相談を受けたときの事例です。

もし、この取引の地代が第三者に貸す場合と同じ水準で賃貸借していれば、相続税上この土地は「貸宅地（かしたくち）」となり、借主に相続税の計算上「借地権（しゃくちけん）」（ここでいう「借地権」は借地借家法の借地権とは同じ単語ですが、それとは違う相続税計算上の概念）が認められることとなります。

この場合、貸主の土地の評価は更地（相続税では「自用地（じようち）」といいます）の土地評価額から借主の有する借地権相当額を控除した金額になります（最低でも30％減となります）。

つまり、自用地評価額が100だったら、貸宅地評価は70（場合によっては60や50になることもあり得ます）となり、その分相続税は安くなります。

しかし、この兄弟の間では、固定資産税相当額よりも安い地代のやりとりしかしていませんでした。

また、借りるときに賃貸契約書も権利金の支払もなく、その上、兄Aの亡くなる3年前からは地代のやりとりすらなくなっていました。
　このような場合のような、固定資産税相当額よりも安い賃貸借は、特段の事情のない限り「使用貸借」（タダで貸し借りした）と扱われます（昭和41年10月27日最高裁判決）。
　そして使用貸借されている土地の評価は「自用地評価」されることとなり、弟Bに貸しているにもかかわらず、自分で使っているのと同じ評価になってしまうのです（国税庁通達（昭和48年11月1日「使用貸借に係る土地についての相続税及び贈与税の取り扱いについて」）。
　この土地は賃貸需要のある一等地なので自用地評価額が、2,000万円程度になったにもかかわらず、借地権相当額を控除できませんでした。
　そのうえ、弟Bは一人暮らしなので立ち退かせるわけにもいかず、好きに使うこともできません。
　結局、「負動産」の生前対策をしていなかった兄Aのツケを、多額の相続税というかたちで子のCが支払うことになったのでした。

第 3 章
事例でわかる 今ある資産を負動産化させない方法

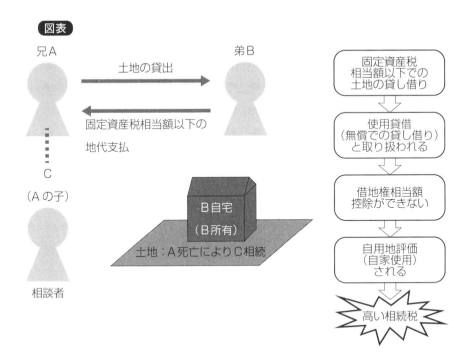

取るべきアクション

- 相続が始まるずっと以前から、所有する土地を棚卸チェックする。
- 所有する土地をさらに活用ができないか税理士と相談する。
- 親族等近しい第三者に賃貸している場合は、賃料が適正かチェックする。

2. 典型的な負動産② 区分所有

業者
相続対策に区分マンションを買いましょう。息子さん三人に一つずつ分けられますよ。

税理士
賃貸に出すなら、税務上の効果はどちらも一緒です。

投資家
一棟モノよりも、区分のほうが兄弟に分けられてよいかなぁ？

1　区分は賃貸経営の視点から見ると問題がある

　区分がよいのか、土地付きの一棟モノがよいのかは多くの人にとって永遠の課題です。

　区分所有は都心部の好立地にあることが多く、比較的手頃な値段で購入することが可能です。一方で土地付き一棟モノは同額の値段であれば、都心からは外れたエリアになることが多いです。東京の港区や中央区等、絶対に賃貸需要がなくならないエリアでないと怖くて仕方ないという方であれば、区分所有というのも一つの手ではあります。

　しかし、それでもあえて、どちらがよいか断定するとすれば、やはり「土地付き一棟モノ」がよいといわざるを得ません。

　区分所有は購入金額に占める土地の割合が小さく、相続税評価額も小さくなる傾向にあります。

　それに対して土地付き一棟モノは、購入金額に占める土地の割合が大きく、相続税評価額が大きく出てしまいます。

　これだけを取り上げると、区分所有の方が相続税対策には向いているよ

うに見えるのですが実は、賃貸経営の視点から見ると問題があるのです。

2　経営視点からの問題①　そもそも低利回りすぎる

　相続税対策であっても、賃貸物件を所有するということは賃貸経営を行うということです。そのため、相続対策として購入する区分所有も常に経営視点から眺める必要があります。

　都心部区分所有の最大の問題点は、利回りが低すぎることに集約されます。いい換えると、購入金額が高すぎるということです。

　東京の港区等人気エリアには数多くの高価格マンションが建ち並んでいます（高級マンションではなく、普通の造りのマンションですが高価格なので、ここでは高価格マンションと表記しました）。

　この高価格マンションは最低でも3,000万円以上し、表面利回りは3～6％しかないというものが大半です。

　この3,000万円のマンションは、地方からすると驚きの金額ですが、家賃が月々15万円ほどで貸し出せるとしても表面利回りはたったの6％です。

　しかも月々の家賃から、管理費修繕積立金等で3万円ほど天引きされますので、実際の収入は12万円となり、利回りは4.8％となります。

　なお、フルローンで利回りが4.8％というのは家賃収入だけでは、月々のローン支払がまかなえないレベルの利回りです。

　もともと希少性の高い地域ですし、デベロッパーや不動産業者の利益がたっぷり乗っているので、エンドユーザーはこのような低利回りの物件しか手に入らないのです。

　投資物件はあくまで利回りで考えるのが大前提ですから、現状の利回りが低すぎる区分マンションがお勧めできることはまずありません。

　もちろん、東京の港区や中央区等の区分マンションを今の市価の半分や三分の一の価格で買えるならよいかもしれませんが、それも現実的な話ではありません。

3　経営視点からの問題②　耐用年数切れ以降の再販価格

　区分所有の二つ目の問題は、耐用年数切れの再販価格についてです。

　強固な鉄筋コンクリート造の建物でも税務上の法定耐用年数は新築から47年です。つまり、新築から所有し続け47年経つと税務上の価値は0(ゼロ)になるということです。

　もちろん、東京の港区等であれば立地の希少性からその区分所有マンションを売却できないということはありません。しかし、その売却価格は大幅に下落しているでしょう。なぜなら、税務上の法定耐用年数切れの物件には金融機関のローンが出にくいという現実があるからです。

　多くの人は不動産を購入する場合ローンを組みますが、その期間の上限は残存法定耐用年数となることが多いです。

　つまり法定耐用年数切れの区分マンションは、ほとんどの金融機関からローンを借りることができない物件となります。

　ローンが出ないということは、買える人がいないということであり、需要が小さくなるため、必然的に価格が下落していくということになります。

　もちろんマンションの土地そのものには価値がありますが、土地として取引するには建物を取り壊さなくてならず、その解体費用が高額であれば土地の持分で受け取れる金額を超えてしまう可能性もあります。

　つまり、取り壊して土地として売却しても損が出てしまうし、そのままでは買い手がつかない状況になります。

　そうなってしまったら最後、設備保全のための管理費や修繕積立金の滞納者が増え、負動産として使いもしない一等地の固定資産税を永遠に払い続ける羽目になります。

4　一棟モノについて

　逆説的ではありますが、建物全体とその土地が自分の所有である一棟モノは、将来、建物が老朽化しても所有者である自分の意志で取り壊すことができ更地として売却ができます。

また利回り8％や9％等、きちんとキャッシュフローが出る物件を買うことができれば保有中も手出しになることはなく余裕を持った賃貸経営が可能となります。

土地自体の相続税評価額が区分所有の場合に比べて高くなりますので、うまく融資等と組み合わせて相続対策を行うという難易度の高さはありますが、これこそアドバイザーの税理士を活用して、メリットを最大化するべきものなのです。

取るべきアクション

相続税対策と称して区分所有の購入を勧められた場合、利回りが低すぎないかチェックしましょう（東京23区の区分であれば最低でも表面利回り10％はないと赤字経営のおそれあり）。

3. 典型的な負動産③ 再建築不可物件

業者
この物件は再建築不可ですが、高利回りなので現金で購入すれば儲かりますよ。

税理士
割安物件なので儲かりますね。相続税も安くなって一石二鳥ですね。

投資家
本当に買ってよいのだろうか？

これが負動産だ!!

1　建物を建てられない土地がある

再建築不可という言葉をご存じでしょうか。

この再建築不可とは、読んで字のごとく、今の建物を壊した後に再び新しく建築することが不可能な土地のことを指します。幅員4メートル以上の建築基準法上の道路に間口2メートル以上（共同住宅の場合は3メートル以上）接していなくてはならないという基準を満たさない土地のことです。

具体的には、道路から横幅が1メートルくらいの狭い通路を抜けて奥まったところにある家等が再建築不可の物件となります。

再建築不可の物件が投資物件として売買される場合は、普通の物件よりも高利回りになることが多いです。なぜなら再建築不可の物件を買える人が少ないからです。

ほとんどの金融機関は再建築不可の物件に対して、融資を行わないため、現金一括で購入する余裕のある人しか買えないのです。

買える人が少なければ需要と供給のバランスは供給過多となり、結果として価格が下落する（すなわち高利回りとなる）のです。

この再建築不可の物件ですが、都心の昔ながらのエリアに多数存在します。江戸時代から続く狭い路地の裏側にある家や戦後、ひしめき合って建てた路地の家々は、その後制定された建築基準法で求められる基準を満たさず今日に残っているからです。

2　その物件に出口プランはあるのか

そして、都心のエリアに存在する再建築不可の物件は、一見すると好立地、高利回りに見えることがあります。都心や駅に近い好立地の物件であれば、再建築ができないだけで、現状ある建物を活用し高利回りを稼ぐことができるところに魅力を感じる投資家もいます。

しかし、高利回りに目がくらんで再建築不可の物件に手を出すのは愚の骨頂です。というのも再建築不可の物件は将来といわず、すでに現時点でも負動産だからです。

現金一括でしか売ることはできず、現状の建物がなくなってしまったら更地にするしかない土地です。
　更地にすれば当然、固定資産税は上がります。建物が建てられないからといって、駐車場にしようとしても、間口が狭い路地裏の土地には自動車が入ることができません。
　せいぜい駐輪場程度にしか活用できませんが、その程度の収入では固定資産税を支払うことすらできないでしょう。
　再建築不可の物件を購入する場合、最終的な出口のプランを考えたうえで行わなくてはなりません。
　例えば、現状の建物をリフォームし続ける、あるいは何年かのちに前面道路に接した隣地を買収する算段がついているといった具体的なプランです。
　そういったプランもなしに、目の前の高利回りだけを求めて購入すれば、子孫代々に渡って税金を支払うためだけの負動産となってしまうので注意が必要です。

取るべきアクション

- 出口プランがない再建築不可の物件には手を出さない。
- 所有する不動産のなかに再建築不可の土地がないかチェックし、アドバイザーとともに出口プランを考える。

4. 典型的な負動産④ 市街化調整区域

この物件は市街化調整区域なので、税金が安くてお得ですよ。

相続税や固定資産税が安く、田舎なので空気もおいしい。住むにはよい環境ですね。

相続税対策になるなら買ってもよいかな？

1　市街化調整区域とは

　市街化区域や市街化調整区域は、マイホームの購入を検討したことがあれば一度は耳にしたことのある言葉ではないでしょうか。

　日本の全土は津々浦々、都市計画が行われる区域とそれ以外に分けられ、都市計画法により都市計画区域は、市街化区域と市街化調整区域（及び非線引き区域）が設定されています。

　市街化区域は読んで字の如く、市街化させる区域のことです。具体的にはすでに市街化を形成している区域及びおおむね10年以内に優先的かつ計画的に市街化を図るべき区域です。

　一方、市街化調整区域は市街化を抑制すべき区域であり、平たくいうと市街化させない区域ということです。

　市街化させないため、この区域では原則として建物を建築することができません。

　しかし、地方都市の郊外に行けば、本来、家を建てることができないはずの市街化調整区域に多数の家が建ち並んでいることがあります。

その理由はいくつもあります。もっとも適法な理由は、市街化調整区域の指定以前からその場所に家があったというものです。それから市街化調整区域指定以降でも各自治体の規制緩和により、建築許可が下り建築された建物もあります。

そして、なかには市街化調整区域の指定以降に、行政に無許可で建設されたというものも存在します。

2　税金の安さに惑わされてはいけない

そんな市街化調整区域の家を売るときのセールストークが、「固定資産税が安い」です。

確かに、市街化調整区域と市街化区域だと年間の固定資産税は10万円単位で変わってくるところもあります。

場所によっては道路一本を隔てるだけで市街化区域と市街化調整区域が別れており、年間の固定資産税が10万円高く、悔しい思いをしている人もいるかもしれません。

しかし、すでに住んでいるわけでもないのに、不動産投資や相続税対策として市街化調整区域に手を出すのであれば、少し考える必要があるでしょう。

この市街化区域の指定は、道路や上下水道等の社会インフラを効率的に普及させるために行われたものです。

そのため、市街化調整区域では社会インフラが整っておらず、未だ下水に浄化槽を用いなくてならない区域もあるのです。

わが国において人口減少化は著しく、各地方自治体は十分な税収を得られなくなりつつあります。

そんな自治体に対して野放図に開発された市街化調整区域のインフラ負担は厳しくなっていくことが予想されます。

固定資産税が安いということは、社会インフラの使用代金を支払っていないということです。受益者負担の原則からいえば、当然サービスを受け

る権利が制限されることもやむを得ません。

　目先の固定資産税や相続税の安さに騙されて、そういった区域の負動産を購入してしまったとしたら、残された家族が将来苦労することになるでしょう。

　また、行政に届け出ず無許可で建築した物件については、再建築の許可が下りない可能性もあります。子孫のためにも、そんな地雷のような物件には近づかないようにするのが定石です。

取るべきアクション

　購入を検討している物件が市街化調整区域でないことを必ずチェックしましょう。

5. 典型的な負動産⑤ リゾートマンション

業者：温泉掛け流し大浴場、自然に囲まれた暮らしが今なら100万円で手に入ります。

税理士：100万円で別荘とは、よいですね！ いっそここに移り住んだら、今よりも家の固定資産税が安くなるのでよいのではないでしょうか？

投資家：バブル時代の10分の1以下の値段で買えるなら、買って移住しようかな。

1　憧れのリゾートライフのなれの果て

　熱海、箱根、鬼怒川、軽井沢、いずれも関東圏を代表するリゾート地で

す。東京からおよそ2〜3時間で移動できる立地のよさと、大自然と温泉という要素を兼ね備えており、いまだに人気があります。

近年、そんなリゾートのマンションが格安で大量に売られているのをご存じでしょうか？

例えば今現在（2018年7月）、箱根のリゾートマンションのうち500万円以下で購入できる物件は、ざっと20件あります（レインズにて著者調査）。

安いものは100万円を切る価格がついています。その大半は昭和40年代から60年代に建築されたものばかりですが、最近は室内をフルリフォームした、きれいな物件もいくつか見受けられます。

どの物件も天然温泉がついており、窓からの眺望が素晴らしいことが強調されています。

バブルの時代であれば2,000〜3,000万円したような温泉つきリゾートマンションが100万円で購入できるのですから、思わず欲しくなってしまうのも理解できます。

定年まで家族のために一生懸命に仕事をしてきた方々も、今では年金暮らし。かつてできなかったあこがれのリゾートライフのためなら、100万円くらいの散財は許されてしかるべき、そうお考えになるかもしれません。

ですが、その甘い考えが将来、子ども達に負動産を背負わせることになるかもしれないのです。

2　憧れの代償は高くつく

まず問題なのは、その維持費の高さです。

どのリゾートマンションも温泉の管理料等、施設維持費が、毎月4〜5万円ほどかかり、年間では48〜60万円にもなります。

物件そのものは100万円を切っていても、その維持費は都心のマンション以上にかかるといえます。

また、4〜5万円の高額な管理費にもかかわらず、修繕積立金は月々5,000円程度と少ない物件が多く、最安で1,000円程度のところもありま

す。これでは必要な修繕費が積み立てられず、大規模修繕時に追徴金が発生する可能性も出てきます。

　更に建物の老朽化も深刻な問題です。

　すべての区分所有物件は老朽化した後に、再建築するか解体するかの選択を迫られることになります。

　上下水道やガス電気等のインフラ設備が老朽化すればその物件で居住し続けることが困難になるわけですから、何らかの手を打つ必要があります。

　しかし、建替えはほとんどのマンションで現実的な手段とはなり得ません。都心でマンション需要があり、かつ容積率が緩和された地域のように現状のマンションよりも規模を大きくして建て替えられる場合を除いて、建て替えには一戸あたり1,000万円も2,000万円もの費用負担がのしかかるからです。

　マンション（3階建以上鉄筋・RC）は全国に約633万戸です。しかしながら、建て替えができた件数は約250件（国土交通省「分譲マンションストック戸数」、「マンション建替えの実施状況」より平成28年4月時点）です。1棟あたり100戸と仮定すると、建て替えができたマンションは全体の0.4％に満たないことになります。

　この現実が意味するところは、過疎地にあるマンションは建て替えができず解体を余儀なくされるということです。

　しかし、ここでも所有者に多大なる負担が襲いかかります。総戸数にもよりますが、一般にマンションの解体費用は1戸あたり200万円前後といわれています。

　リゾートマンションを買うということは、最初の100万円に加えて、年間60万円の維持費がかかり、解体するときには200万円の負担がかかるということです。

　そして、その負担は購入者ではなく、その購入者の遺産を相続した子ども達が背負うことになるのです。

老朽化し使うこともできず、解体しようにも解体費を負担しなくてはならず、解体費の滞納があれば、更なる追徴金の可能性すら出てくる物件とは、まさに負動産そのものです。

　なお、どうしてもリゾートマンションライフを格安で楽しみたい方は1～2年ほど賃貸で住んでみて、その後どうするか改めて考えるのがよいでしょう。

　数は少ないですが、リゾートマンションのなかには賃貸物件も存在しており、200万円あれば1～2年程度は賃貸することが可能です。

　現時点で有効な解決策が存在しない以上、とにかくババ抜きのババは自ら引かないに限ります。

取るべきアクション

- 格安リゾートマンションは子孫のためにも購入しない。
- 住みたいと思ったらまずは借りて試しましょう。

参考データ：国土交通省調査 マンション建て替えの実施状況（平成28年4月1日現在）
国土交通省マンションに関する統計・データ等 分譲マンションストック戸数（平成28年末現在）
http://www.mlit.go.jp/jutakukentiku/house/jutakukentiku_house_tk5_000058.html

6. 典型的な負動産⑥ 借地

業者
ここは借地ですが、立地がよいです。将来的に所有権を買うことができればお得です。

税理士
他人に土地を貸して建物を建てさせると、相続税評価額が激減してよいのです。

地主
借地には結構、懲りているんだよね…

　土地と建物の所有者が異なる場合、その建物の所有者は土地に対して借地権を持つことになります。

　借地権とは、その土地を借りる権利のことであり、普通借地権で更新がない場合でも最低でも30年は土地を使用することができます。そして、期間が満了したら原則として更地にして返すという取決めです。

　現在流通する借地権は平成4年（1992年）の借地借家法が施行された後に成立した（現行の）借地権と、それ以前から存続する（旧法）借地権の二つが混在する状態です。

　サラリーマン不動産投資家のなかには、なんとなく旧法のほうがよいという認識を持っている方も多いですが、必ずしも旧法のほうがよいとはいえず、現行法も旧法もそれなりのメリットとデメリットがあります。

　ここではサラリーマン不動産投資家（借りる側）に有利な点と地主（貸す側）に有利な点を比較しながらみていきましょう。

図表

	投資家に有利な点（借りる側）	地主に有利な点（貸す側）
旧法	・建物の構造が堅固であれば30年、非堅固（木造）は20年 ・更新期間も上記と同じ年数 ・期間の定めがない場合、堅固60年、非堅固30年 ・借地権の残存期間を超える建物を建てられても地主は契約解除が困難 ・地代を安く抑えやすい	・期間の定めがない場合、建物が老朽化して壊れた場合、借地権が消滅する ・建物が滅失した場合、第三者に借地権を対抗できない
現行法	・建物の構造に関係なく一律30年以上 ・更新期間が1回目20年以上、2回目以降10年以上 ・途中で建物が滅失しても借地権は消滅しない ・建物が滅失しても第三者に借地権を対抗できる	・2回目以降の更新の場合、地主の承諾なしに建物を建てても、地主から解約できる ・地代の値上げ交渉がしやすい

　一般には、借主の権利が強い旧法のほうが価値が高いと思われる方が多いようですが、旧法では建物の滅失時に保護されず一定のリスクが存在します。そして、それ以上に借地には重大な問題が存在します。それは、金融機関は借地を評価しないということです。

　先祖代々の土地を受け継いでいるなかに、借地が存在するのであれば仕方がありません。しかし、これから物件を購入するのであれば、借地は避けるのが定石です。

　多くのサラリーマン不動産投資家は金融機関の融資を用いて物件を購入します。そして金融機関はその物件の担保価値を独自に評価して融資を実行します。

ゆえに金融機関から融資を引き出すためには、きちんと金融機関から評価される物件を購入する必要があります。

しかし、借地の金融機関の評価はせいぜい物件価格の3割程度といわれます。所有権であれば1,000万円の価値がある土地も、借地権になると300万円程度とみなされるのです。つまり借地の物件を購入するには、少なくとも物件価格の7割以上は現金を用意する必要があるのです。

そもそも、高額な不動産投資において7割の現金を用意できる人がどれほどいるでしょうか。

これは自分自身が借地権の物件を買えるかという問題に留まらず、仮に購入できたとしても、将来売却不可能な物件になる可能性を秘めているということです。

ただでさえ流動性の低い不動産という資産のなかでも、借地というのは更に売却が困難な物件なのです。もちろん借地専門で買い取ってくれる業者もありますが、安く買い叩かれてしまうことも少なくありません。

また、借地の物件では地主と建物の所有者がもめている場合もあり注意が必要です。

借地権の唯一のメリットは、固定資産税や相続税が安いという点です。

しかし、その分地代も安いため（固定資産税の3倍程度）、所有していてもあまり意味がなく、もめごとが煩わしい、まさに負動産という存在です。

これから資産を増やしていこうとしている投資家はもちろん、親から受け継いだ次世代地主も、できることなら借地は避けていくべき負動産です。

💡 取るべきアクション

借地にある建物は購入しないこと。

Column

借地でも大丈夫な例
〜3億円の借地を持つ借地大家さんの話

　借地が負動産であると前述しましたが実はその借地も考え方、使い方によってはよい不動産になることもあります。今回はその例を述べます。

　東京の池袋に借地（底地）をたくさん保有する借地大家さんがいます。江戸から続く家柄ですが、特に贅沢せず質素に暮らしていたために今でもそれなりの財産が残っています。

　その大家さんが主に所有するのは、3億円もの借地（底地）です。一般的に借地はあまりよいものとはされませんが、その大家さんは借地は最高であるとの持論を持っています。

　借地を持っている大家さんは一般的に、上物（借地の上に立っている建物）が売りに出たときにはその建物を購入して、借地の状態を解消します。

　ですから、借地の建物が売りに出た場合、業者はまず最初にその土地を持っている地主さんに声をかけます。というのも、借地の物件を地主以外に売却することは大変困難だからです。

　しかし、その大家さんは借地を借地のままにしているのです。ご自身が所有している借地の上に立っている建物が売りに出ても全く購入しません。

　そういう意味では業者泣かせなのですが、その大家さんは「借地はとても素晴らしいもの」だというのです。

　一般的に、借地は普通の所有権の土地建物に比べて収益性が低いです。普通の借家であれば相場家賃をもらえる場合も、借地の場合はわずかな地代のみしかもらえないからです。

　また、借地は土地として自由に建物を建てられないため、その資産価値も著しく低く見積もられます。金融機関等に評価をしてもらうと通常の土地の半分や4分の1程度の価値にしか見積もってもらえません。

　借地は収益性が低く、資産価値も低いので普通の投資家には見向きもされないのです。しかし、それはあくまで普通の投資家や金融機関による借地の評価です。

　この大家さんには、逆にその借地の問題点がプラスに働いているのです。

確かに借地の収益性は低いです。しかし3億円を超える借地を所有していれば話は別です。年間の地代だけでも、大家さんの家族が普通に暮らす程度の収益が上がります。

そのうえ、借地は固定資産税も相続税も低く評価されます。

そして、建物の修繕費や火災保険・地震保険等は不要です。たとえ建物で事件や事故が起きても更地にしてしまえば大抵の事故物件は解決できるのです。考え方によっては確かに借地（底地）は最強の土地保有形態の一つなのです。

借地大家さんの保有する借地は都心の好立地なエリアなので、地代も良好に入り、経営は安定しています。借地大家さんが健在でいる限りにおいては借地はかなりローリスクで確実なリターンを生み出し続けてくれるでしょう。

仮に問題が発生するとしたら、相続のタイミングです。借地とはいえ池袋の近くの土地を3億円以上所有しているのです。減額されるとはいえ、相続税だけでも相当な課税が予想されます。

その際に、相続税を支払えるだけの現金を用意しておく必要があります。借地のように低収益の物件の場合、生前に長い時間をかけて来るべき相続に向けた現金を用意しておく必要があります。

借地大家さんの収益の大半が借地からの地代収入であるならば、地代からの収入をすべて生活費に充てるのではなく、節約して相続税対策を行わなくてはならないでしょう。

地代の貯蓄だけで相続に必要な現金を賄えない場合は、借地の一部を買い戻し、所有権にして、将来の相続時に売却できる手はずを整えておくことも検討しておくべきでしょう。

来るべき相続に備えて、一部所有権の不動産を所有するなり別の仕事で現金を準備すれば、借地はほとんどノーリスクで不動産を所有できる最強の保有形態です。

借地だからダメだとか、先祖伝来の借地を買い戻したいとお考えの方は、今一度、その借地の有効性について考えてみてはいかがでしょうか。

その際は、来るべき相続時に現金がどれくらい必要かを試算する必要がありますので、税理士に相談しましょう。

子孫に負動産を残さない相続対策

1. 儲からない建築計画を見抜く！

業者
相続税対策のために皆さんマンションを建てますよ。あなたもぜひ建てましょう！

税理士
子どもの相続税負担を減らすためにマンションを建てましょう！

次世代地主
相続税は安くなるかもしれないが、賃貸経営として儲からなさそうなんだけど…

1　地主はもはや気楽な家業ではない

　どんなに大金持ちでも3代で普通の人になるといわれるほど、日本の相続税は高額です。

　先祖代々の家を存続させるという使命を持った地主にとって、その人生は相続税との戦いといっても過言ではないでしょう。

　自分の代のうちに資産を増やし、来たるべき相続税支払とスムーズな資産の分割が行えるか、その手腕が試されるのです。

　生まれながらの大地主を羨ましいと思っている方もいるかもしれませんが、地主の生き方は決して羨むものではありません。

はっきりいって、地主の生き方は相当しんどいものです。自分の代で財産を食いつぶしてはいけない、家を存続させなくてはいけないというプレッシャーを常に感じながら生きなくてはいけないのです。

　サラリーマン不動産投資家と異なり、生まれたときからいくつもの不動産を所有しているため、拡大する喜びも感じにくく、不動産に興味も持ちにくいのです。

　それでも家と子孫のために、不動産活用を考えなくてはいけないのです。興味もない不動産投資をしなくてはいけないというのは、苦痛以外の何ものでもないでしょう。

2　狙われる地主たち

　そんな不動産に興味のない悩める地主を、業者も金融機関も放ってはおきません。不動産に興味はないが何かアクションを起こさなくてはいけないという地主の危機感に対し「相続税対策としてマンションを建設しましょう」との提案がなされます。

　CGで描かれた格好よいマンションの外観イメージやエントランスのイメージ等の画像が何枚も載っています。載った提案書の後ろには、借入や資金計画、収支計算書（C／F）、損益計算書（P／L）が出てきます。

　この収支計算書や損益計算書はたくさんの数字が30年分羅列されており、少々難解です。簿記を学んだことのある人であればその見方はわかりますが、税理士にお任せしている人にはかなり難しい内容となります。

　特に一次相続で、夫から資産を受け継いだ奥様の多くは、収支計算書や損益計算書の見方がわからない傾向にあります。というのも夫が生前、そういった数字をすべて管理しており、見方を学んでいないからです。

　数字の見方がわからない地主が悪質な業者から提案を受けた場合、たいていは誤った意思決定をしてしまいます。

　なぜなら、この収支計算書にはとても大きな問題があるからです。その問題とは住民税や所得税等の非常に大切な要素が抜け落ちているというこ

とです。

本来であれば、住民税や所得税等を加味した手残りキャッシュがわかる収支計算書を作成したうえで、意思決定しなくてはなりません。

しかし数字の見方がわからない場合、大切な要素が抜け落ちているということに気づかず意思決定してしまうのです。

3 儲からない建設計画の具体例

例えば、ここに評価額約1億6,000万円の土地に8億4,000万円でビルを建てる計画があります。この計画は8億円以上の借金をするので、確かに相続税は減ります。収支計算書も一見すると、毎年プラス200〜300万円くらいにはなりそうです。

しかし、これに住民税や所得税を加味すると、なんと年間の手残りはたった100万円前後になってしまいました。8億円超の借金をして毎年の手取りが100万円未満とは、リスクとリターンのバランスが悪すぎるといわざるを得ません。

図表：（8億4,000万円ビル建設）10年目までの税引後キャッシュフロー

	1年目	2年目	3年目	4年目	5年目	6年目	7年目	8年目	9年目	10年目
家賃収入	4,690万円	4,690万円	4,690万円	4,690万円	4,690万円	4,690万円	4,690万円	4,690万円	4,690万円	4,690万円
経費	4,410万円	4,370万円	4,340万円	4,280万円	4,240万円	4,200万円	4,140万円	4,100万円	4,070万円	4,010万円
課税所得	280万円	320万円	350万円	410万円	450万円	490万円	550万円	590万円	620万円	680万円
税引前キャッシュフロー	220万円	220万円	220万円	250万円	250万円	250万円	280万円	280万円	280万円	300万円
所得・住民税	92万円	105万円	116万円	135万円	149万円	162万円	182万円	195万円	205万円	224万円
税引後キャッシュフロー	128万円	115万円	104万円	115万円	101万円	88万円	98万円	85万円	75万円	76万円

（家賃収入〜税引前キャッシュフロー：業者が示したシミュレーション部分／所得・住民税〜税引後キャッシュフロー：自分で計算した部分）

※税率33％で計算

しかも、もともと地主の所有していた土地を利用するため、このビルの収支計算に土地は入っていません。土地の取得原価が０(ゼロ)であるにも関わらず、キャッシュフローが出ない収支計画書なのです。

本来、顧問税理士は、こういった投資を止めるべき存在ですが、経営に突っ込んだ話までは日頃から関係性を築いていないと、伝えてもらえないことも多いです。

4 これからの地主のあり方

旧来地主なら見過ごされていたことでしょうが、相続した地主がサラリーマンとして数値処理能力を身につけている場合、顧問税理士に数値に基づく説明と提案力を求めてくるでしょう。

業者が提案する収支計算書の欠陥をきちんと指摘でき、リスクとリターンを可視化してその投資の善し悪しをアドバイスすることができれば、今後も地主とのよい関係を続けていくことができるでしょう。

ちなみに、よい関係を続けるためには、顧問税理士にアドバイスを依頼するクライアント側にもそれなりの努力が必要となります。

旧来地主に多いのですが、税理士に年に一度の確定申告しか依頼していないのにある日突然、「税理士さん、建物を建てないかとハウスメーカーさんにいわれたのだけど、どうすればよいかな？」と相談されることがあります。これは、税理士としては非常に答えに困ります。

なぜならば、確定申告だけのお付合いの場合、税金計算をしているだけで、不動産投資も含めたアドバイザーになれていない状態だからです。

不動産投資の可否は、税金計算はもちろんのこと、クライアントの年齢・職業・家族状況・性格・収入金額・今後のライフスタイル・お金に対する向合い方等、税理士が普段から接していないとわからないことを織り込んでアドバイスしていかなくてはなりません。

顧問税理士を単に「税金計算のための存在」と考えているクライアントは、税理士に不動産投資の相談を持ちかけても９割方は有益なアドバイス

を得られないでしょう。

　適切なスキルを持った税理士を選ぶのはもちろんのことですが、そのうえで正しい投資判断をアドバイスしてもらうためには、常日頃からパートナーとして顧問税理士とコミュニケーションをとるように努めなくてはならないのです。

取るべきアクション

　業者の提案書をうのみにせず、税金も加味したキャッシュフロー計算書を作ること。

2. 幅広い不動産活用方法を提案できる税理士と付き合う！

地主　相続したアパートですが、賃貸経営もわからないしどうすればよいでしょうか。

税理士　売りましょう！

次世代大家　売る以外に、何か方策はないのかな？

　負動産を子孫に残さないためには、相続税のプロである税理士のサポートが必要不可欠です。すでに顧問税理士がいる場合、その税理士が多面的な視点で最もよい提案をしてくれることがベストです。

しかし、もしも顧問税理士が「売りましょう」としかいわないのであれば要注意です。

　なぜなら、その税理士はあなたのために対案を検討せずに、アドバイザーとしての役割を全く果たしていない可能性が高いからです。

　本来、不動産のアドバイスを行うためには、現状の不動産の活用の仕方を確認して、賃貸住宅を建てるか駐車場やコンテナボックス等の簡易的な活用に留まるか、売却するか等様々なオプションを検討する必要があります。

　また、仮に売却するとしても、毎年の固定資産税、経営している間の所得税、住民税、二次相続時の相続税等、複数の観点からなぜ売却が有利なのかを示してもらわなくてはなりません。

　少なくとも売却というアクションが与える税務上の影響をすべて説明してもらい、納得して売却するのであれば問題ありませんが、説明が不十分な場合は、顧問税理士の変更も考えたほうがよいでしょう。

💡 取るべきアクション

- 「売りましょう」としかいわない税理士には、なぜ売却が有利なのか説明を求めること。
- 他のオプションに比べ売却が有利であることを数値で説明できない税理士には要注意。

3. 相続対策に王道アリ！

相続対策って何をすればよいのでしょう？

とりあえず現金を生前贈与しましょうか！

相続対策には定番の3ステップがあります。
具体的に検討していきましょう！

【事例】

　現金の生前贈与が悪影響を及ぼした大家法人の事例です。

　この事例の登場人物は、大家（法人）の社長（C氏）、息子（大家法人の役員）、娘（専業主婦）です。

　関係する財産は、自宅の土地建物、マンション6棟（法人所有）、大家法人の株、現金800万円です。

　C氏は、自社（大家法人）の顧問税理士に、相続対策を依頼したところ「とりあえず現金を生前贈与」するようにいわれ、毎年110万円ずつ、息子と娘に贈与してきました。この生前贈与以外にもっと効果的な相続対策がないかとのご相談を受けました。

　現金の生前贈与をしている方の場合、相続税対策において重要なことを無視していることが多々あります。

　相続税対策で重要なこととは、現状の資産のなかで【何を】【誰に】【どのように】継がせるかの方針を明確することです。そして、その方針に最もフィットした手段を選択しなくてはならないということです。

これを怠って最も実行が楽な「現金の生前贈与」だけを行ってしまうと、場合によっては、やらないほうがマシだったという結果にもなりかねません。

C氏の場合、本来であれば自宅の土地建物とマンションの時価を把握するとともに自社株の時価算定が必須であり、その算定結果により対策を講じなければならなかったのです。

自宅の土地建物・マンションおよび自社株の時価を算定したところ、同じ生前贈与であれば、現金ではなく自社株を後継者である息子にしておいた方がはるかにメリットが大きかったことがわかりました。

それどころか、このままでは本人に残された現金では相続税が支払えないことが判明しました。息子と娘に生前贈与した現金をあてにしようにも、すでに使い切っていたため、このまま現金の生前贈与を続けると相続税が払えず破産するところでした。

正しい相続税対策の「三つのステップ」に従って、資産の時価を算定し、相続税負担を予測した結果、C氏の場合おおよそ1,500万円の納付資金を用意する必要があることが判明しました。

まずはすぐさま現金の生前贈与をストップさせ、そのかわりに自社株を息子に生前贈与するよう切り替えるようアドバイスしました。

あわせて息子の役員報酬の引き上げを提案しました。これによりC氏本人の現金が減ることを抑え、(自社を通じて)本人と息子に現金がたまる仕組みを構築しました。

さらに娘を受取人とする死亡保険の加入を行い、生前に本人の意思で使用できないかたちで現金を残す手立てを打ちました。

これにより来たるべき相続税額は減り、納付資金の確保ができるようになったのです。

この例でみたように、相続対策は必ず「三つのステップ」に基づいて行わなくてはなりません。具体的には、次のとおりです。

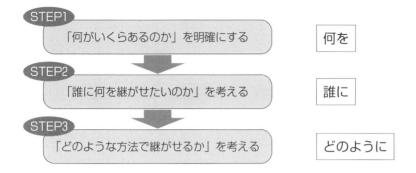

各ステップについて、詳細を見ていきます。

ステップ1：「何がいくらあるのか」を明確にする

このステップでやることは、一言でいうと「財産債務の見える化」です。

どのような種類の財産（債務）を持っているのかと、それらが相続税評価額でいくら分あるのかを金額化します。

具体的には、顧問税理士に自分の財産の「評価」を依頼してください（費用はだいたい10～20万円です）。

財産の「評価」によって、実家の土地はいくら、駅前のアパートはいくら、隣町の駐車場はいくら、金融資産は株、預金、保険等でいくらずつということが明確になります。

このステップ1は、とても重要です。

なぜなら、このステップ1を省略し相続対策すると、財産の全体像が見えないため、その人に適さない（＝逆に税金等が余分にかかってしまう）税金対策を作ってしまうおそれが出てくるからです。

相続税生前対策を行いたい場合は、一にも二にもこの「何を」を明確にすることが必要です。

ステップ2：「誰に何を継がせたいのか」を考える

ステップ1で財産の種類・金額を明確にしたら、ここで初めて「誰に何を継がせるか」を考えます。

先に財産の金額を明らかにしていますので、特定の相続人にだけ相続財産が集中するアンバランスを少しでも緩和させることができます。

特に会社オーナーは、自社株や事業用資産（会社の事業用に使っている土地・建物）を後継者候補に継がせようとするため、非後継者への配分が薄くなる傾向にあります。

そうなると、極端な話、非後継者の取り分がゼロになって、相続人の間で争いが起こる原因となります。

そのようなアンバランスを避けるためにも、このステップ2で各相続人に応分の配慮をすることが大切なのです。

ステップ3：どのような方法で継がせるかを考える

上記ステップ1・2を経て、最後にその家族の状況に最も適した財産承継方法を紡ぎ出していきます。

このステップは、置かれている状況により、個別性が高いので一概にこれが正しい、とはいえないのですが、代表的な方法として、以下のような方策が考えられます。

・相続税がかからない場合はあえて生前贈与せず、相続まで待つ。
・相続税がかかる場合は、親の年齢も考えて生前贈与を進める。
・自社株の金額が大きい場合は、事業承継税制を用いる（事業承継税制は大家法人の場合、適用できない場合もあるため注意してください）。

相続対策というと、すぐにステップ3の方法論を求める人がいますが、ステップ1・2を省略して、具体的な方法論を実行することはできません。

付け焼き刃の方法論で拙速に相続対策を求めると、相続対策をするよりも税金がかかってしまったり、最悪の場合は相続が「争族を引き起こす」ことになってしまいます。

最適なステップ3を行うために、ステップ1・2があります。

今後の「争族」を引き起こさないためにも、ステップ1の「財産債務の明確化」から対策を立てましょう。

取るべきアクション

「三つのステップ」を理解して、税理士と一緒に相続税対策を進めましょう。

4. 築30年のアパートを相続したんだけど、どうしよう?

相続人
古いアパートを相続したけど、どうすればよいのだろう?

業者
ぜひ売りましょう!

税理士
建てかえましょう

【事例】

この事例は、とある地方都市に住む若い夫婦の話です。最近奥様は父親から地方都市の近郊にある6部屋のアパートを相続しました。

このアパートを売却すべきか、建て直して賃貸経営を続けるべきかで悩んでおり、相談を受けました。

そのアパートは地方都市の中心街から電車で20分、距離にして15キロとそこそこ(地方では)遠目の距離です。一応中心地までは通勤圏内ですがそれほど好立地というものではありません。

最初に不動産業者に相談したところ、築古のアパートなのですぐに売却するよう勧められたそうです。また、税理士に相談したところ新築への建

て替えを提案されたそうです。

　そこで現地を確認したところ、土地の相場から考えて不動産業者が提案する金額よりは4割くらいは高く売れそうな物件ということがわかりました。たしかに築20年以上たっているため、それなりに補修は必要ですがまだまだ使おうと思えば使える立派なアパートですので建て替えるのはもったいない物件です。

　しかし、建替えをするには、30年ローンを組まなくてはならないのですが、30年後までこのエリアに継続して賃貸ニーズがあるとは思えません。

　本人たちの意志を確認していくと、賃貸経営には興味がないとのことでしたので、基本的には売却することを提案しました。

　しかし、もともとの不動産業者が提案していた金額は相場からいってもかなり安かったため、売り急がず1年ほどかけて相場に近い金額での売却を行うことを提案しました。

　6部屋中4部屋が入居しており、家賃収入もあるためゆっくりと次の買手を探すことができ、結果としてそれなりの金額で売却することができたのでした。

　大家さんのなかには、ご両親から古いアパートを相続された方もおられます。ご両親が若い頃から頑張って、小さな古いアパートを建て、子ども達に1棟ずつ残すなんて、たいへん立派なご家族といえます。

　しかし、この古いアパートというのも、なかなか管理が難しいものです。というのも、相続した本人に不動産投資（賃貸経営）の意思や興味があればよいのですが、たいていの場合はそれほど興味もないからです。たいして興味のない不動産を相続した場合、どうするのがよいのでしょうか？

　不動産業者にアドバイスを求めれば、たいていは「売却しましょう」といわれるでしょう。彼らは売買手数料で収益を上げているわけですから、売却するのが最も自分たちの利益となるからです。

　一方、金融機関や建設業許可を持つ不動産業者や、それらの業者と関係

のある税理士に相談すると、たいていは「建て替えましょう」といわれるでしょう。

金融機関は建替え資金を貸し出したいし、業者は新築を建てたいし、税理士はバックマージンがほしいからです。商売ですから、それは当然のことです。つまり、アドバイスを聞いても最終的な意思決定は相続人自身で行わなくてはならないということです。

それでは、相続人はどのように意思決定を行うべきでしょうか。一般論として、意思決定のための2ステップを示します。

1 まず、最初に相続した古いアパートの立地を考えます。

立地が一等地なのか、二等地なのかを判断します。

人口増加地域や、地方の中核都市やそのベッドタウンとしての価値が高い、すなわち賃貸ニーズが今後も続く地域であれば一等地といえます。逆に、人口も少なく、賃貸ニーズが減少していく地域であれば二等地とみなします。

一等地であれば、売却だけでなく建替えも視野に入れます。しかし二等地であれば、極力売却を進めるのがよいでしょう。

間違っても二等地に建替えを行ってはいけません。将来的に賃貸ニーズが縮小する地域に投資をしてはいけません。

2 次に、相続した物件が築何年かで判断をします。

相続した物件が築30年未満か30年以上かにより、取れる選択肢が変わるからです。

サラリーマン不動産投資家が中古アパートを購入するとき、一般的に金融機関の融資を用います。そして金融機関にもよりますが、融資期間は耐用年数までであったり、築60年までであったりします。融資期間は金融機関とその購入するサラリーマン不動産投資家との関係にもよりますので一概にはいえませんが、最大でもせいぜい築60年くらいまでが限界です。

つまり、築30年のアパートであれば、まだあと30年の融資が引けると

いうことです。

　サラリーマン不動産投資家はできるだけ融資期間を長く取れたほうが有利ですから、築30年未満の物件のほうを好みます。

　逆に築30年を超え、融資期間が20年未満しか取れない物件であれば、それ相応の値引きがなければ購入してくれない可能性が高いです。

　よって、一等地であれ二等地であれ、売却を検討するのであれば築30年未満のうちに早期に売却したほうがより高値で売れる可能性が高まります。

💡 取るべきアクション

　中古アパートを相続したら、売却すべきか建て替えるべきかは、①一等地か二等地か、②築30年未満か以上かの二つの基準で判断してみましょう。

　もちろん個別具体的な違いがあるのが不動産ですから、信頼できる顧問税理士に助言を求めつつ、意思決定をしましょう。

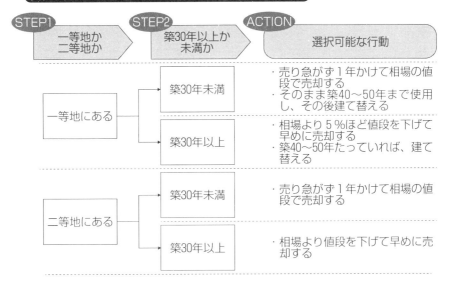

市に寄付しようとしたら断られた田舎の実家

　仙台市秋保は温泉で有名な地域です。秋保温泉は1500年前から続く温泉地として、伊達家の御殿湯としても有名です。そんな秋保温泉にある山の相続で困った事態に陥った話です。

　T氏家族は秋保に代々続く名家です。江戸時代からずっと地元の大百姓として農地を多数持っていました。しかし戦後の農地解放により、所有する田畑のほとんどは失い、今は昔の名残を母屋に残すばかりとなりました。

　T氏の祖父が持っていた相続財産について、問題の発端となりました。相談を依頼された税理士は、まず所有する財産の目録を作成しました。

　有価証券や現金等の金融資産から旧家の母屋や蔵にある古物等、自宅や畑等の土地等、項目は多岐にわたりました。通常相続時に作る財産目録は多くとも20項目くらいなのですが、T氏一家は古くから続く名家だったため、その目録は、倍以上の50項目に届くものになりました。

　そのなかに、家族の誰も場所がわからない山林がありました。この山林については、自宅や畑等と一緒にずっと固定資産税を払い続けていましたが、家族の誰もその存在について詳しく把握していませんでした。

　登記簿を調べてみたところ、その広さは全部で数千坪ほどあり、相続時評価で120万円ほどでした。

　どのような土地なのか誰も知らないので、まずは現地に行ってみました。登記簿の記載も古くおおよその場所しか特定できませんので、とりあえずわかるところまで自動車で行き、あとは山道を徒歩で登って行きました。

　T氏と税理士は頑張って現地に行ってみたのですが、結局どこがT氏の祖父が所有している土地か特定には至りませんでした。

　また、この土地は祖父以外に共有者が多数おり、昭和21年の段階で、すでに50人を超える人が共有していました。

　今から数十年も前ですら共有者が50人以上いるわけですから、現時点での共有者はネズミ算式に増えていることが予想されます。もはやその全員に連絡を取

ることは事実上不可能といえます。

　場所も特定できず共有者も特定できないため売却も難しい、そんな状態にあるにもかかわらず、なぜか相続税の納税義務だけは発生します。

　Ｔ氏は、こんな不便で不可解な土地の相続税を支払うのはとても理不尽であると憤りました。

　そして、このどうしようもない状態を抜け出すために、土地を自治体に寄付できないか検討しました。

　結果、仙台市に土地の寄付をしたい旨を届け出ました。しかし、市当局からは土地の寄付について丁重にお断りをされてしまいました。

　市としても、場所も特定できない土地を寄付されても管理や権利関係について整理できないので困るのは理解できます。

　多数の個人が共有する土地の権利をまとめ上げることは現時点の法律ではなかなか難しく、現実問題としてどうにもならない状態であることは市でも個人でも同じだからです。

　市民が困っているにもかかわらず、どうにも対処してくれない市に対しＴ氏は憤るものの、請求される相続税と固定資産税から逃れることはできません。結局、Ｔ氏は多額の相続税を負担したうえに、毎年、固定資産税を払い続けているのです。

　負動産が関係する田舎の相続が始まっています。この秋保温泉の話は共有者が50名を超えるという極端な例ではありますが、今後全国各地で似たような事例が頻発するようになってくるでしょう。

　権利関係が複雑になってしまう前に、負動産はさっさと手じまいしてしまわないと、子孫には解決不可能な問題を残すことになるのです。

5. 建築規模によって変わる相続税の圧縮効果

相続対策にマンションを建てましょう！

とにかく何でもよいので建物を建てないと、固定資産税が高くなって大変です！

現金だけで小さいアパートを建てるのがよいか、借入をして大きいマンションを建てるのがよいか迷うなぁ…

【事例】

　駅前に駐車場をもつ大家さんからの相談です。

　その大家さんは数千万円ほど現金をお持ちでした。相続税対策として現金でその駐車場にアパートを建てるべきか、借入して大きなマンションを建てるべきかというご相談を受けました。

　その土地は駅前にあり、建蔽率・容積率も高く大きな物件が建てられるので、投資効率からいえばマンションを建てたほうがよいと思いました。

　借入をするとなると手続等が面倒なので、よほどメリットがなければ現金で小さなアパートを建ててしまおうか検討しているとのことでした。

　そこで借入をして大きなマンションを建てた場合と、現金で小さなアパートを建てた場合でシミュレーションを行い、それぞれ相続税の圧縮効果がどれくらいあるのかを比較してみました。

　結果として、大きなマンションを建てたほうが小さなアパートよりも相続税の圧縮効果も家賃収入も2倍以上となることがわかり、頑張って借入を行いマンションを建設しました。

相続税対策として不動産を建築する（購入する）ことは多いと思います。そして、相続税の圧縮効果は不動産建築（購入）規模によって変わります。

例えば、賃貸アパートやマンションは条件にもよりますが、おおむね9〜15％の土地の評価減が可能です。

建築（購入）するときに、既存の現金で支払うのと新たに金融機関から借入を行うことでも大きくその圧縮効果が変わってきます。

例えば、現金1億円を持っている人が、1億円のマンション（相続税評価額7,000万円）の物件を購入すれば、この人の相続税評価額は7,000万円になるとしましょう（図1）。

しかし、もしこの人が金融機関から更に1億円を借り入れ、倍の規模の2億円の物件（相続税評価額1億4,000万円）を購入すると、この人の相続税評価額は4,000万円まで圧縮されることになります（図2）。

さらにこの例では、金融機関からの借入額を増やすことで、相続税評価額を圧縮しつつ、相続税の支払いに要する資金をそのまま残すことも可能となります。

現金1億円を持っている人が2億円の借金をして、2億円の建物（相続税評価額1億4,000万円）を建築した場合、現金で支払ったときと同様に、相続税評価額は4,000万円まで圧縮されますが、手元の現金1億円はそのまま残ることになります（図3）。

いかに相続税評価額を圧縮しつつ、納税資金を残すかという視点は、相続税対策で非常に大切です。

このようにあえて借入金を増やして積極策に出ることも、有効な相続税対策となります。自分の資産額に見合った規模の借入を算出し、建築の規模を検討することで効率的に資金計画が立てられるでしょう。

ただしここでも重要なのは、建築した物件の不動産経営が成り立っているかという視点です。

相続税を減額させるために需要のない地域にマンションを建てる愚策に

走らないようにしっかりとした事業計画を立ててください。

図1：現金1億円でマンションを購入

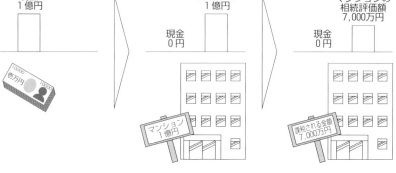

➡ 課税される金額を7,000万円に圧縮

第 3 章
事例でわかる 今ある資産を負動産化させない方法

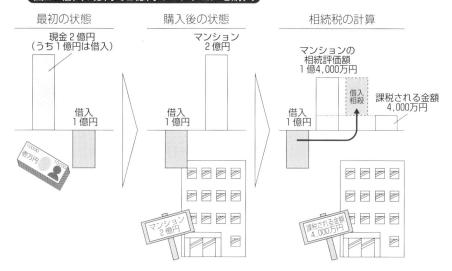

➡ 課税される金額を4,000万円に圧縮

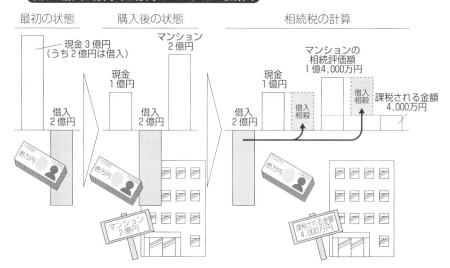

➡ 課税される金額を4,000万円に圧縮しつつ1億円の手元現金を残す

取るべきアクション

- 現金で建てられる規模の建物だけで相続税対策を考えないこと。
- 借入を視野に入れ規模の拡大を図れる土地には思い切った建築計画を行いましょう（その際は、賃貸経営が成り立つかどうか必ず事前に予測をしておくこと）。

6. お家騒動は後継者教育の失敗が9割！

相続した地主
死んだ父：長男に不動産所有会社を継がせることを明示しないまま死亡
長女：「父の面倒を見たのは私。会社を分割してほしい」
長男：「会社を分割したら、収益力が落ちて身もふたもない」

税理士
能力のない姉がでしゃばるのは、大家業の経営上いかがなものか（でもそんなこと、口には出せないし…）。

弁護士
長女も相続分があるので、争うならとことんやりましょう！

【事例1】

事業承継の失敗例（M家の場合）です。

大家業（株式会社）を営むM家の場合、社長である父が亡くなり、母と長男（サラリーマン）と長女（専業主婦）が父の財産を相続することになりました。死んだ父は先祖伝来の土地を株式会社化した立役者で、超優良企業を築き上げました。父は常々母には、「会社の株をすべて息子に継がせて

先祖伝来の土地は、ずっと守っていきたい」といっていました。
　しかし、その意思を子ども達に一度も伝えないまま亡くなってしまいました。そうしたところ、父が亡くなった後に突然長女が「私が会社を継ぐ。だから、自社株を全部相続する」といい出しました。
　長男も母も内心は「事業経験のない長女が会社を引き継ぐと、会社がダメになる」とは思ったのですが、争いを起こしたくなかったので自社株をすべて長女に相続させました。長女は早速不動産経営に乗り出しましたが、悪意のある関係者の罠にはまってしまい、収益性の乏しい投資をしたり、不要な生命保険を契約したりと失策を続けます。
　そんな折、運が悪いことに漏電により所有する物件で火事がおきてしまいます。その物件には多数の店子が入居しており、彼らに対して多額の損害賠償をしなければならなくなりました。その賃貸物件は古く、建て替えを考えていた矢先でしたが、損害賠償のために貯めていた資金をすべて吐き出したため、建て替えができなくなり今後どうすればよいか打つ手がない状況となってしまったのです。

【事例2】
　事業承継の成功例（Y家の場合）です。
　Y家は明治時代から続く旧家です。戦後の農地解放で大部分の土地を失ったものの、先代の功績により何とか資産を維持していました。そのY家には、長男と次男及び長女がいました。彼らの父親は彼らが子どもの頃から、
「この家は長男が継ぐから、会社の株は長男が引き継ぐ」
「次男と長女にはそれなりの金額を渡すが、事業に必要な大部分の相続は放棄しなさい」
「長男はしっかりと勉強して、経営の能力をつけなさい」
と教え続けていました。
　兄弟が物心ついた頃からずっと、両親そろって「相続するのは長男」「長

男には厳しく学ばせる」「次男と長女は大部分の相続を放棄する」ということを聞かされ続けました。

　そのため、長男は親の期待どおりに地元の難関大学を卒業して、しっかりと経営が学べる地元の一流企業へと就職し、次期家長としての覚悟と責任をもっています。

　一方、次男と長女は幼い頃からの刷込みにより、自分たちは家を出て自活するものであるということを半ば当然のこととして受け入れています。

　Y家では、定期的に遺言を作成し、次男と長女はそこでも相続を放棄することについて文章に残しています。

　生前の相続放棄自体の法的な有効性はありませんが、重要なのはその意志を明確に彼らに伝えるということなのです。

　Y家は今のところ父親が健在ですので、相続は発生していませんが、ここまで家族全体の事業承継意識が整えられた状態であれば、相続が「争族化」することはないだろうと考えられます。

・M家とY家の違い

　事業承継にM家が失敗し、Y家が成功した理由、それは、子どもたちへの刷り込み学習ができていたか否かです。

　相続対策を行わなければどんな名家でも3代で家がつぶれるほど、日本の相続税負担は大きいです。そのため、名家の当主は跡取りが生まれたときから、税法上可能な限りの相続税対策を継続していかなくてはなりません。

　しかし大半の家では、税務上の対策を行っていても、事業承継の意識に対する精神的な学習がなされていません。精神的な学習とは、跡取りとそれ以外の親戚に生まれたときから行う「刷込み学習」です。

　具体的には、跡取りには家業で使う財産を相続させ、それ以外には相続放棄させることが常識であるということを幼少の頃から聞かせ続けることです。そうすることで、跡取りには跡取りであることの自覚を促し、それ以外の者には相続しないことが家業を存続させる方法であると、体に染み

こませることができるのです。

これは、法のもとの平等に反する考え方ともいえます。しかし、家業を継続するうえでは極めて合理的な考え方です。家業を継続するということと、相続を平等に行うことを両立するのはかなり難しく、それを実現できる当主はそうそう存在しません。

自分がビジネスを起こし、先祖から相続した資産を3倍にも4倍にも拡大することができるほどであれば、自分が相続した規模と同等の規模の財産を、子孫に平等に相続させることができると思います。それだけの能力を持っている場合は、平等な財産分割と家業の継続を両立させてください。

そうでない場合は、家業を継続するために、分けてはいけない資産（＝自社株や事業用資産等）の分割を避けてください。いざ相続時に子孫や親戚が騒ぎ出すという「争続」が勃発するのを防ぐためです。

相続させようとしている資産は、自分だけ才覚で作り上げたわけではないはずです。先祖代々受け継いできたもののはずです。

それを失いたくなければ、刷込み学習であろうとなんであろうと、合理的に「争続」を回避する方法を取ることができるはずです。

💡 大家さん革命

- 相続を「争続」にしないために、事業承継意志について子どものころから教育をしましょう。
- 子どもが若いうちから事業の後継者として選定し、経営能力を伸ばす教育をしましょう。

7. 大家さんの相続対策① 遺言書をしたためておく

相続対策にやっておくべきことはありますか？

その方の置かれた状況によって変わりますが、遺言を行うことをお勧めします。

【事例】

　この事例は、ご家族が認知症である場合の相続対策です。

　85歳のT氏から、「この先自分に何があっても家族になるべき迷惑をかけないために、何かできることはありませんか？」とご相談を受けました。T氏はもともとサラリーマンでしたが、定年後に自分で勉強して、地主として成功された方で、マンション4棟を所有していました。相続に対するご相談のために財産状況を聞いたところ、やはりその方にも相続税が発生することがわかりました。

　T氏の家族構成は、ご本人（T氏）、奥様、息子さん、娘さんの四人です。すでに息子さん、娘さんは独立して遠方で暮らしており、ご本人は奥様と二人で暮らしていました。二人で大家業をしながら静かに暮らしていたのですが、ある日、奥様が認知症と診断されました。それからT氏は奥様を自宅で介護しながらの生活を数年続けました。しかし、数年のうちに認知症は進行し、最近では意思疎通さえできなくなってしまいました。

　T氏は今まで自宅で介護をしてきましたが、体力も衰えてきたためいつまで介護を続けられるか不安になってきました。そこで今住んでいる自宅を売却し、その資金で奥様を介護施設に入所させ、自分は駅近くのマンションに引っ越す計画を立てました。

そんな矢先に、今度はT氏本人にガンが見つかりました。幸い入院手術をして何とか退院しましたが、まだガンが再発する可能性も残っており、T氏本人としても自身の寿命についてある程度の検討をつけていました。

T氏の相談を受け、奥様と残された息子さん娘さんの状況を鑑み「もしあなたが亡くなった場合に備え、奥様には相続をさせず、お子さん二人にすべての財産を相続させ、そこから奥様の介護費用を支払ってもらう内容の遺言を作成しませんか？」とアドバイスさせていただきました。

なぜなら、認知症の奥様が財産を相続すると、後々その財産管理の手間がかかるうえに、二次相続への節税対策ができないため経済的なロスも生じると予測されたからです。

もし、T氏が何もせずに亡くなった場合、奥様、息子さん、娘さんは三人でどの財産を誰に分けるかの話合いを行わなくてはなりません（遺産分割協議）。しかし、奥様は認知症で意思疎通ができません。そのため成年後見人を裁判所に選出してもらい、後見人と息子さん、娘さんの三人で話合いになることが想定されていました。

成年後見人は、奥様が財産を放棄するということを基本的には認めません。彼らは原則として奥様が法定相続分（この場合、T氏の財産の半分）をもらえるように動きます。なぜなら、成年後見人の役割は奥様の財産を管理することであり放棄は行わないからです。

それゆえ相続放棄はできず、奥様も相続財産を得ることとなります。そして奥様が相続財産を得ることにより、大きな問題が生じてしまうのです。

その大きな問題とは、奥様の二次相続において大きな相続税がかかってしまうことです。成年後見人は、基本的に最低限の財産の管理しか行うことができません。例えば、奥様の財産を息子さんや娘さんに贈与するといった、生前に行うべき相続税対策は最低限の財産の管理ではないため行えません。

つまり、奥様が相続財産を得てしまうと、二次相続の対策は全く行えな

くなってしまうのです。

　例えば、Ｔ氏の自宅がある場所はベッドタウンとして人気があり今現在が売り時なのですが、もしこの土地を奥さんが相続してしまうと、成年後見人が奥様の財産を管理するため、簡単に売却することができなくなってしまうのです。

　息子さんも娘さんも生活の本拠地は別にあり、両親が自宅を出た後は誰も住む予定がありません。

　そのため、最も効率的なのは自身が亡くなった後に自宅を息子さんと娘さんに相続してもらい、空き家として売却することだとＴ氏は考えていました。

　そこで、すぐさまＴ氏に遺言を作成してもらいました。

　その概要は、奥様への相続財産を０（ゼロ）とし、息子さん娘さんに自宅を含む全財産を相続させ、奥様の面倒を息子と娘がみるというものです。

　そして、納税資金に困らないよう空家の自宅は息子と娘が相続後すぐに売却できる手はずを整えました（なお、自宅にかかる相続税は、相続税申告期限から３年以内に自宅を売却した場合にはその自宅の取得費とみなして、自宅売却利益から差し引くことができる特例があります。「譲渡所得の取得費加算（租税特別措置法39条）」）。

　その後ほどなくして、Ｔ氏は亡くなり、相続税が発生しましたが自宅を高い金額で売却したお子さんたちは、相続税を納付できました。

　そのうえ、奥様の二次相続での相続税も０（ゼロ）にできたのです。この事例でのポイントは、以下の三つです。

・認知症の配偶者に財産を渡すと二次相続で相続税負担が増えるため、財産を相続しない
・遺言で子どもに配偶者の扶養義務を明示し、かわりに全財産を相続させる
・空き家になった自宅は子どもが相続後早急に売却できるよう準備をしておく

たとえ家族が認知症になっても、相続税対策をあきらめる必要はありません。この事例のように遺言をうまく活用すれば、相続税の圧縮と現金を確保する手立てをとることができるのです。

取るべきアクション

家族の誰かが認知症になったら、二次相続まで見越して遺言の作成を検討しましょう。

8. 大家さんの相続対策② 民事信託を行う

地主の子
父が認知症になる前に行うべきことは何か？

税理士
成年後見人を使いましょう！

業者
成年後見人ではアパート建築は難しいです。

【事例】
　親が認知症になってアパート建築ができず困った、という事例です。
　駅前の一等地に90坪の自宅土地を持っているお父様（90歳）を持つA氏からの相談です。お父様が病院から退院してきたが、少し物忘れがひどくなり、このままいったら認知症と診断され、近々介護が必要なのではな

いかと予想されています。

　同居していないＡ氏（息子）は、二駅先の近くに住んでいるものの、在宅介護の負担感を考えると、介護施設に入居してもらいたいのが本音です。

　しかし、介護施設入居のための費用（入居一時金、毎月の施設費）はお父様の年金収入では賄えそうもありません。

　4年制私大に子どもを二人も通わせているＡ氏としては、日々の負担が増えることはとても頭の痛い問題です。

　自宅はＡ氏が中学生のときに立てたものであり、築50年でかなり老朽化が進んでいます。

　お母様が亡くなった後、お父様が一人で住んでいたのですが、建替えが必要なのを騙し騙し伸ばしていたものです。

　しかし、そろそろお父様に介護が必要であるとの思いから、建替え等を検討したところ、建て替えるならアパートにして貸し出し、一部を自宅として住むのがよいのではないかというアイデアが出てきました。

　収益物件により毎月のキャッシュフローも生じるし、ローンにより相続税も節税できそうです。

　業者とのやりとりもスムーズで、収益シミュレーションもまずまずのものができ、大枠の話が固まりそうなときに、営業マンが突然、

　「ところで、お父様は認知症ではないですか？」といってきたそうです。

　「年のせいで物忘れが激しいことはあるけど、まだ大丈夫ではないか」と答えたところ、

　「お父様が認知症になり、ご自身で契約書にサインできないことになると、この話は白紙になります」と伝えられました。

　「認知症になっても、成年後見人をつけて契約すればよいのでは？」とＡ氏もわからないままに聞いてみたそうですが、

　「成年後見人がついた場合は、アパート建築は難しいです。つい最近も認知症で意思表示できない方に裁判所が決めた成年後見人が入って、途中

まで進んだアパート建築計画がなくなったことがあったので」と心配そうに返されたとのことです。

1　成年後見制度よりも民事信託が有利な理由

　成年後見制度（この場合は「法定後見」）では、裁判所により決定された後見人（弁護士、司法書士、税理士が多い）は、裁判所の管理下に置かれ、本人の財産を本人のために管理する権限を有します。

　管理する権限とは、「本人のために」、「最低限の」管理行為を行うことをので、財産を変える行為（増改築、処分）は原則できないこととなります（ちなみに、相続税対策は一切できなくなります）。

　それでは、このケースで、A氏のお父様のためにできることはないのでしょうか？

　実は、このようなときにぴったりなのが「民事信託」なのです。前述したとおり、民事信託とは、

　① 「信託法」といわれる法律に則って、

　② 自分の財産の管理、処分、承継、その財産から上がった収益を自分または他人に取得させることを

　③ 自力で（信託会社等の関与なし）

行っていくことです。

　今回の場合、自宅の所有者であるお父様が、A氏に新設建物の建築契約、ローンの金銭消費貸借契約、担保設定契約、その後の自宅の管理を任せ、そこから上がる収益をお父様に渡す契約をお父様とA氏の間で締結し、新築アパートを建てて、そのアパート収入は父が受け取るという方法がそれにあたります。

　成年後見（法定後見）にはできないけれど、民事信託にできることは以下のとおりです。

① 本人に判断能力がなくなっても、すべて受託者の判断で財産の管理運用、処分ができる。

② 信託契約内に「資産運用の目的」、「節税の目的」を盛り込んでおけば、それらの目的で財産の管理運用、処分ができる。
③ 受託者名義で借入をすることができる(信託契約に記載をすることが要件)。

判断能力がなくなったら、もはや信託契約すら結ぶことができません。親が元気なうちに、認知症対策をしておきましょう。

図表：成年後見人よりも民事信託が有利な点

	最低限の管理行為	新築・増改築・売却
成年後見人	○	×
民事信託	◎	◎

◎：受託者の意志により自由に実施可能
○：裁判所の指示に従い実施可能
×：裁判所の判断では、ほぼ実施できない

2 民事信託の解説

民事信託には、登場人物が3人います。
① 委託者（今回のケースでは「お父様」）
② 受託者（今回のケースでは「A氏」）
③ 受益者（今回のケースでは「お父様」ですが、法人やペットに対して受益させることも可）

委託者が、自分の所有する財産の管理とその財産で上がった収益を受益者に渡してほしいと、受託者に信託します。

ちなみにその際、信託された土地建物は受託者名義に変更登記されますが、贈与税は発生しません。

受託者は委託者の信頼に応えて財産を管理し、その収益を受益者に渡します。

　受益者はその際、何も出資等していないのに、無償で利益を得るので、課税がなされます（契約の組み方によって、贈与税・相続税がかかります）。

　しかし、このケースのとおり、委託者＝受益者（同一人物）としておけば、自分の持っている財産でＡ氏が収益を享受することと変わりません。ゆえに毎年受け取る不動産所得に対する所得税がかかるだけです（このように委託者＝受託者という信託契約を「自益信託」といいます）。

　ちなみに、委託者（＝受益者）であるお父様が他界した後、この不動産を受託者であるＡ氏が相続した場合は、通常の不動産の相続と同じ処理となります。

3　投資不動産の民事信託における注意点

　民事信託をされた投資不動産から生ずる収益は、受益者（＝委託者の場合）に所得税が課税されます。

　しかし、一つだけ注意すべきことがあります。それは、民事信託された投資物件で赤字が発生した場合です。

　通常、不動産賃貸業で赤字が発生した場合、サラリーマン不動産投資家はサラリーマンの給与と損益通算が可能ですが、民事信託された物件の赤字については損益通算ができません。

　また、それに伴いその事業（不動産賃貸業）における損失の翌年への繰越しも行えなくなるのです（租税特別措置法第41条の4の2）。

　このような問題がありますので、民事信託を活用する場合は、受託者の健康問題や課税の問題を加味して検討してください。

取るべきアクション

- 親に認知症の兆候が見られたら、早急に民事信託を検討すること。
- 相続税の納付予定金額を確保したうえで、さらに余裕があればすぐに始めましょう。

9. 預金が2,000万円以上ある人は、いますぐ暦年贈与を始めましょう

地主　生前贈与って、やったほうがよいのでしょうか？

税理士　相続税の納付予定金額を確保したうえで更に余裕があれば、すぐに始めましょう。

【事例】

負動産を処分し現金化して、相続税をほとんど払わずに済んだ、という事例です。

この事例の登場人物は、Aさん（母：75歳）、長男、長女です。Aさんは外科医だった夫の残した古い団地を一次相続しています。

この団地は設備が老朽化していることもあり、入居率も3割程度です。入居者も高齢者ばかりなので、今後ますますゴーストタウン化していくことが予測されました。

相続税対策として何か打つ手はないかということで相談されました。

通常であれば、相続時に評価額が圧縮できるため土地建物を残す方向で検討するのですが、この団地は近い将来「負動産」になる可能性が非常に

高かったため、売却を勧めました。

　幸いなことにそれなりの金額で売却ができましたが、Aさんの預金が8,000万円程度になり、相続税評価額が膨れ上がりました。

　そのため「負動産」の処分と併せて、相続財産自体を減らす生前贈与を勧めました。

　Aさんの年齢から今後贈与できる年数と長男・長女にかかる相続税を計算した結果、毎年300万円ずつ長男と長女に贈与することを提案しました。長男と長女合わせて毎年600万円の贈与となり、贈与税額は一人あたり19万円です。その後、Aさんはこれを真面目に毎年実行し続けました。

　その甲斐あって、Aさんが他界したときの相続税は30万円程度で済んだのでした。

　まず、贈与税には大きく分けて「暦年課税」と「相続時精算課税」という二つの方法があります。

　そのうち、暦年課税贈与については合法的に現金を贈与できる方法ですので、すぐにでも贈与をスタートすることが望ましいです。

1　暦年課税贈与とは

　暦年課税の場合の贈与税は、一人の人が1月1日から12月31日までの1年間にもらった財産の合計額から基礎控除額（110万円）を差し引いた残りに対してかかります。

　1年間にもらった財産の額が110万円以下なら贈与税はかからないし、申告の必要もないです。

　しかし例えば、同一年にある人から100万円、別の人から50万円（贈与金額合計150万円）のように、複数の人からもらった財産の合計が110万円を超えた場合は、申告が必要になります。

　ここで大事なことは、もらった金額が多ければ多いほど高い税率が適用されることです（これを「超過累進税率」といい、所得税・相続税も同じ体系です）。

2
子孫に負動産を残さない相続対策

図表：暦年課税贈与税（超過累進税率）

■一般贈与財産用（一般税率）

特例贈与以外の対象への贈与

➡未成年の子への贈与、夫婦間、兄弟間の贈与等

基礎控除額	基礎控除後の課税価格	税率	控除額	計算式
110万円	200万円以下	10%	0	贈与税額＝（贈与額－110万円）×10%
	300万円以下	15%	10万円	贈与税額＝（贈与額－110万円）×15%－10万円
	400万円以下	20%	25万円	贈与税額＝（贈与額－110万円）×20%－25万円
	600万円以下	30%	65万円	贈与税額＝（贈与額－110万円）×30%－65万円
	1,000万円以下	40%	125万円	贈与税額＝（贈与額－110万円）×40%－125万円
	1,500万円以下	45%	175万円	贈与税額＝（贈与額－110万円）×45%－175万円
	3,000万円以下	50%	250万円	贈与税額＝（贈与額－110万円）×50%－250万円
	3,000万円超	55%	400万円	贈与税額＝（贈与額－110万円）×55%－400万円

■特例贈与財産用（特例税率）

直系尊属（祖父母や父母等）から、その年の1月1日において20歳以上の者（子・孫等直系卑属）

➡20歳以上の子や孫への父や祖父からの贈与等

基礎控除額	基礎控除後の課税価格	税率	控除額	計算式
110万円	200万円以下	10%	0	贈与税額＝（贈与額－110万円）×10%
	400万円以下	15%	10万円	贈与税額＝（贈与額－110万円）×15%－10万円
	600万円以下	20%	30万円	贈与税額＝（贈与額－110万円）×20%－30万円
	1,000万円以下	30%	90万円	贈与税額＝（贈与額－110万円）×30%－90万円
	1,500万円以下	40%	190万円	贈与税額＝（贈与額－110万円）×40%－190万円
	3,000万円以下	45%	265万円	贈与税額＝（贈与額－110万円）×45%－265万円
	4,500万円以下	50%	415万円	贈与税額＝（贈与額－110万円）×50%－415万円
	4,500万円超	55%	640万円	贈与税額＝（贈与額－110万円）×55%－640万円

参考：https://www.nta.go.jp/m/taxanswer/4408.htm

2　暦年課税贈与のポイント

　相続税は、相続発生時に残った財産にかかります。ということは、生前に少しずつ贈与をくり返しておくと、手元の資金はもらった人に渡り、将来の相続税の負担は下がるということになります。

　贈与税と相続税は互いに関係するため、贈与税は「相続税の補完税」と呼ばれ、相続税の前払いと考えられています。

　ちなみに、生前贈与が相続税負担を下げるのは、生前贈与により本来相続税の対象だった財産がもらった人に移り、相続税の適用税率が低くなるうえ、贈与税は低い税率で課税されるので、両税額の差額分だけ相続税額が安くなるという理由からです。

　先ほどみたとおり、暦年課税では超過累進税率が適用されます。

　そのため、1,000万円を一人に贈与するのと、四人に等分に贈与（一人あたり250万円）するのとでは、一人あたりの税額が大幅に異なります（ちなみに、この例で親が20歳以上の子に財産をあげる場合、もらう人が一人のときは贈与税が177万円、四人で等分（250万円）の場合は14万円／一人（四人合計56万円）で済みます）。

　これを両方とも10年繰り返すとすれば、10年間で、1,770万円－560万円＝1,210万円も税額に差が出ます。

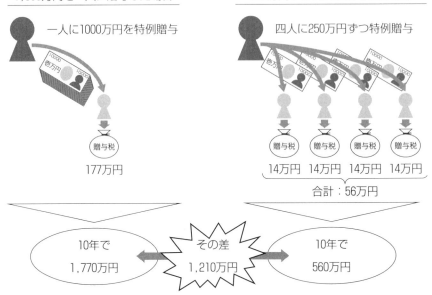

　これをふまえて、贈与税と相続税の合計額を最小化するように贈与実行することが非常に重要です。

　贈与計画は以下のポイントを押えて立てましょう。

① まず、すぐに相続税評価を行い、何が、どれだけあって、いくらの評価額になるのかを出す。

② そのうえで、高収益物件の贈与はできるか検討する（果実の部分がもらった人に移り、相続税が激減する）。

③ 将来値上げが見込まれる資産を贈与できるか検討する（値上がり部分がもらった人に帰属する）。

④ 毎年無理なくこつこつ贈与する。

⑤ 子ではなく孫への贈与（＝世代飛ばし）ができるか検討する。

　ここで注意点が二つあります。

　一つ目は、贈与にかかる不動産取得税等の「移転コスト」を忘れがちに

なるので、それらも織り込んで有利判定を行うということです。不動産取得税は、物件価格の3％程度がかかります。また、登録免許税や司法書士への登記費用等も忘れずに見積もっておいてください。

二つ目は、財産をあげた人が自分の死後、自分の相続人になる人（配偶者や子等）に対して、亡くなる日までの最後の3年間に贈与をしていた場合は、その贈与した財産の評価額は、相続人にすでに贈与しているにもかかわらず、相続税の申告に加算するというものです。

これを、「相続開始前3年以内の贈与加算」といいます。これは、ひらたくいえば「亡くなる直前の3年間の贈与は、相続税の計算上、まるでなかったものとして取り扱う」という非常に意地の悪い制度です。

ただし、3年以内の贈与に関して納付した贈与税は相続税と相殺されますので二重払いにはなりません（贈与税の税額控除）。

しかしながら、相続税として再計算し、すでに（亡くなる直前の3年以内に）納付された贈与税のほうが多かった場合、その分の相続税はゼロになり還付はされません（下記の相続時精算課税とはこの点が違います）。

ということは、上記④の「毎年無理なくこつこつ贈与する」は、少なくとも亡くなるまで3年以上続けていないと意味がないのです。

ですから、①の相続税評価は今すぐに行い、できるだけ速やかに贈与を実施するというのが理にかなった答えになります。

これから20年間で暦年課税贈与を毎年継続させるとすれば、相続人が一人の場合は、2,000万円、二人の場合は4,000万円、三人の場合は6,000万円もの財産を移すことができます。

暦年課税贈与は、最も簡単な相続税対策です。相続人が一人で預金が少なくとも2,000万円以上ある人は、すぐに暦年課税贈与をスタートさせましょう。

3　毎年510万円の暦年贈与が最も効率的な生前贈与であるわけ

相続財産がたくさんある人は、年間100万円程度では大して財産を減ら

すことが難しいかもしれません。そのような方は、年間510万円の贈与をお勧めします。というのも、先程の超累進課税の表でみると、年間510万円の贈与税率は低めだからです。

> **計算式**
>
> 年間510万円の贈与をおこなうとその贈与税は、
> ・子が未成年であれば一般税率となり、
> (510万円－110万円)×20％－25万円＝55万円
> ・子が20歳以上であれば特例税率となり、
> (510万円－110万円)×15％－10万円＝50万円

年間510万円の場合、贈与税は一般税率で55万円、特例税率では50万円となり実効税率は10％前後となります。

多くの場合において相続税の税率は10％よりも高くなりますので、資産が十分に多い人は暦年贈与で10％前後の税率となるように贈与を行っておいたほうが結果として割安になると考えられるからです。

相続税の納付税額分の現金を確保したうえで、平均余命から考えて相続人一人あたり、

・親が70歳未満なら、年間110万円ずつ
・親が70歳以上なら、年間110万円〜510万円ずつ

を目安に生前贈与を実行しましょう。

10. 相続時精算課税贈与ってどういう贈与？

相続時精算課税贈与とは、そもそもどういう贈与なのですか？

相続時精算課税贈与制度とは、贈与した財産については累計2,500万円まで贈与税を課さないかわりに、生前贈与した財産であるにもかかわらず、あげた人の相続財産として、あたかも相続時に残っているものと考えて相続税を計算します、というものです。

　贈与税の二つ目の方法である「相続時精算課税」については、暦年課税贈与に比べて使う方法が難しいので、よく注意して利用を検討してください。
1　相続時精算課税
　まず、暦年課税適用者は、暦年課税の贈与税の課税方式に替えて、相続時精算課税の適用を受けることができます。
　その場合、暦年課税適用者であった人（贈与を受ける側）が、「相続時精算課税選択届出書」という書類を税務署に提出しなくてはなりません。
　その届出書は、「この贈与者からの贈与は今後、相続時精算課税を選択していきます」と記入するものです。
　適用条件として、贈与を受ける側と贈与する側の年齢と続柄に制限が存在します。この届出書が出せるのは、原則、贈与を受けた年の1月1日時点で20歳以上である者で、財産をあげた人の直系卑属（子や孫）である推定相続人だけです。そして、財産をあげた人（これを「特定贈与者」といいます）は、原則、財産をもらった人の父母か祖父母で、贈与をした年の1月1日時点で60歳以上である人に該当する場合のみが適用できます。
　この届出書が提出されると、相続時精算課税を選択した贈与者ごとにそ

の年以降、贈与を受けた財産の価額が累計 2,500 万円（特別控除額）になるまでは贈与税がかかりません。

もし累計 2,500 万円を超えて贈与が行われた場合、その超えた部分について、毎年 20％の贈与税がかかります。

> **数値例**
> ・1 年目　2,000 万円の贈与
> 　計算式：2,000 万円－2,000 万円＝ゼロ（課税なし）
> ・2 年目　1,000 万円の贈与
> 　計算式：1,000 万円－（2,500 万円－2,000 万円）
> 　　　　＝（1,000 万円－500 万円）×20％＝100 万円の贈与税発生

なお、特別控除額は期限内申告書を提出した場合のみの適用となるので、注意が必要です（期限内申告書を提出とは、贈与があった年の翌年 3 月 15 日までに申告書を税務署に提出するという意味）。

また、最大の注意点が二つあります。

一つ目は、一度でも相続時精算課税を選択すると、選択した人からの贈与は暦年課税には戻れないということです。例えば、これまで暦年課税贈与を行っていた孫が 20 歳になり、相続時精算課税贈与を選択できるようになったとしても、変更するかどうかはよく検討する必要があります。

二つ目は、相続時精算課税により渡した財産は、贈与した財産であったにもかかわらず、あたかも贈与していないものとして財産を渡した人の相続税の計算に加算されるということです。

つまり、渡された財産の累積合計額を相続税に加算するということは、生前贈与による相続税対策のメリット（遺産減額効果）を享受できないということになります（過去に贈与した財産の贈与税を、亡くなったときの相続税と一体にして計算する方法なので、「相続時精算」という名称がついているのです）。

そして、過去の贈与時に支払った贈与税は、今回の贈与税から差し引きます（差し引いて過去の贈与税が多かった場合は、本来税目が違う「相続税と贈与税」のですが、一体計算されるので、還付されます）。

それでは、相続時精算課税は、相続税がかかる人にとって、全くメリットがないのでしょうか。実は、よく検討してみると、相続時精算課税にも大きな相続税メリットがあるのです。

2　実はある、相続時精算課税を使った相続税対策

何もメリットがないように見える相続時精算課税ですが、使い方によっては相続税負担を軽減させることができるのです。

それは、以下のような財産を贈与する場合です。

① 毎年大きな収入を生む財産（アパート、マンション）
② 今後、大きく値上がりすると見込まれる財産

①については、その財産から発生する家賃収入を相続人が受け取れるようにすることで、相続税がかかると見込まれる人の財産の蓄積を抑制したうえ、財産を受け取った人にお金が貯まることになるので、相続税資金対策にもなります。

②については、先ほど「相続時精算課税をした財産は、贈与した財産であったにもかかわらず、あたかも贈与していないものとして財産を渡した人の相続税の計算に加算します」と説明しましたが、加算する金額は財産を渡したときの評価額（過去の金額）を用います。

そのため、相続時精算課税贈与で渡したときの評価額が1億円の土地が、贈与者が亡くなったときに3億円に値上がりしていたとしても、贈与者の相続税の計算上、1億円の評価額で加算され、3億円－1億円＝2億円分の相続税節税ができます。

同様に、新興国の外国企業株式や為替等、大幅に値上がりすると見込まれる資産についても相続時精算課税贈与を行えば、贈与時の価額で相続税申告書に加算されるため、相続税の節税が可能となります。

2 子孫に負動産を残さない相続対策

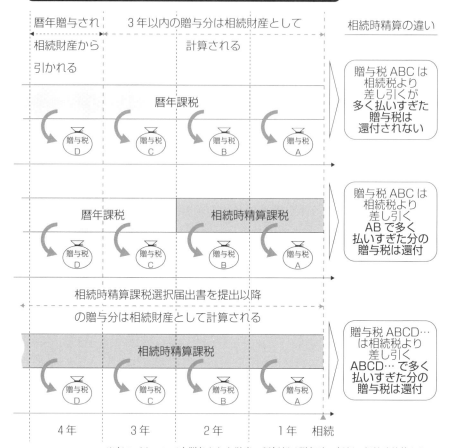

図表：最後の3年における暦年課税と相続時精算課税の違い

※どのパターンでも贈与された財産の評価額は贈与時の価額で相続時精算される

取るべきアクション

値上がり確実の財産があれば、次の暦年課税と精算課税の概要図を参考にして検討しましょう。

図表：暦年課税と精算課税

	相続時精算課税制度 *特別な贈与*	暦年課税制度 *普通の贈与*
説明	・将来相続関係に入る親から子への贈与等について、選択により、贈与時に軽減された贈与税を納付し、相続時に相続税で精算する制度	・暦年（1月1日～12月31日）ごとにその年内に贈与された価額合計に対し贈与税を課す制度
申告時の手続	・本制度選択開始の翌年3月15日までに贈与者による税務署へ届出が必要	・通常の申告にて贈与を申告
贈与者	・60歳以上の父母または祖父母	・贈与者に制限なし
受贈者	・20歳以上の子または孫	・受贈者に制限なし
控除額	・特別控除額：2,500万円（限度額まで複数年かけて使用可能）	・基礎控除額：110万円（受贈者1名に対し各110万円）
税率	・特別控除額を超えた部分に対し20%	・基礎控除額を超えた部分に対し累進課税（10～55%）
相続時	・相続時に合算して相続税を課される ・贈与財産は**贈与時の時価**で評価される（贈与時の時価のほうが低ければ節税効果が見込める）	・相続税とは分離して課税される

➡ 贈与した時点での評価が100万円で、相続するタイミングでの評価が500万円の土地の場合は暦年課税制度より、相続時精算課税制度を選択したほうが有利になる

11. いくら以上の規模になったら生命保険に入るべき?

生命保険は嫌いなので、全く加入していません。

生命保険は、地主さんの相続税対策には必須アイテムです。

とにかく入れる金額の最大での加入をお勧めします。

本当に最大金額まで入るべきかなあ? いくらまで入るのがよいのかなあ?

　相続人のいる大家（地主、サラリーマン不動産投資家）であれば、生前所有していた不動産の規模にかかわらず、相続人全員が一人あたり最低500万円ずつもらえるように、死亡保険金に入りましょう。

　そもそも生命保険は、万が一のリスクに備えて加入するものです。そして、一番影響が大きい「万が一イベント」は、人が死ぬことです。人の死亡により事業が傾いたり、家族関係に影響があったり、予期せぬ相続税がかかったりといったお客様のリスクを、税理士としてたくさん見てきました。

　生命保険の加入メリットはいくつかありますが、相続税の観点からは、「死亡保険金の非課税枠が使える」というのが一番のメリットです。

　死亡保険金は、みなし相続財産といわれ、本来民法で定めた相続財産ではないのですが、いわば「人が亡くなったら下りてくる定期預金」と同等と考えられ税法上課税対象となります。

しかしながら死亡保険金には「残された家族の生活保障」という側面もあり、できる限り課税されるべきではない、という考えのもと、相続人が保険金を受け取る場合、「500万円×法定相続人の数（相続放棄した者も含む）」は受け取った死亡保険金額から差し引いて、相続税の計算をすることとなっています。

> **数値例**
>
> 父死亡、相続人：母、子二人
> 死亡保険金：5,000万円　受取人：母
> 死亡保険金の非課税枠：500万円×3人＝1,500万円
> 相続税評価額：5,000万円－1,500万円＝3,500万円

　この場合、母は5,000万円ではなくて、3,500万円の相続財産を受け取ったとみなされて課税対象とされます。
　なお、もし母が相続放棄を3か月以内に裁判所に申し出ていたら、非課税枠は使えずに、5,000万円で課税されるので注意が必要です。

取るべきアクション

　大家（地主、サラリーマン不動産投資家）は、最低でも500万円×法定相続人の数までは生命保険に加入を検討すること。

相続に備えてできるテクニック
〜親のお金で確定測量しておく

　親の相続税に備えてできるテクニックには何があり、何から優先して行うべきでしょうか。
「今すぐ簡単にできる相続税対策はありませんか？」
とお客様から聞かれた場合に、私はまず最初に
「お父様・お母様の持っていらっしゃる土地・建物の、測量（確定測量）はお済みですか？」とお伺いします。
　空き家になった土地、もはや必要のない土地、廃業した店舗跡や倉庫、遠方すぎて管理できない物件等は、相続した後にすぐに売却する必要が出てくる場合があります。
　そのようなときにあらかじめ土地・建物の確定測量をしておくと、タイミングを失することなく、タイムリーに売却できますし、相続税の物納等の期限が決まっているものでも、時間的余裕を持ってことにあたることができます。
　いずれの場合でも、土地・建物の売却時に確定測量は必須事項なのです（登記簿上の面積にて取引する公簿売買も可能ですが、確定測量があるほうが買手に融資がつく可能性が高まり売却時に有利になります）。
　この必須事項である確定測量を、親にお金を出してもらい実施すると、売るための必須事項をクリアしたうえに、親の手持ち現金は下がり（＝相続税評価は減額し）、ダブルで相続税対策になります。
　なお、同じ理由で、もう誰も住む予定のない空き家の動産処分を今のうちにやっておく、ということも非常に効果のある相続税対策になります。住んでいない空き家に残っている家具や古い家電、その他の不要な物は、最終的には処分してしまわなくてはなりません。
　処分業者に処理費用を支払ってあらかじめいらない物を捨てておくことで、空き家売却時の手間を省くことができます。
　親が亡くなった後の空き家の維持管理は、親の生前は案外盲点になっているものです。

相続後に実家に住む予定がなければ、早く売ってしまわないと、固定資産税の負担ばかりが増えて、家計に悪影響を及ぼします。

確定測量と動産処分は、相続対策として転ばぬ先の杖です。まだ実施されていない方は、是非ともすぐにやってみてください。

💡 取るべきアクション

- 親が存命のうちに負動産候補になりそうな空家がないか調べましょう。
- 親にお金を出してもらって、確定測量と不用品の処分を行いましょう。

第 **4** 章

負動産を
つかまないために

投資不動産を購入するときに気をつけるべきこと

1. 不動産の二つの評価方法、「積算評価」と「収益還元評価」とは

不動産の評価額には、固定資産税評価証明書に書かれている金額と相続税評価額があります。

税務上の資産評価と金融機関の評価は異なります。しかし評価方法は社外秘です。

固定資産税評価額や相続税評価額は、いわゆる積算評価です。それ以外に収益還元評価があります。

評価の仕方がバラバラだけど、結局どう考えればよいの？

1　不動産の価格は「一物四価」

「一物一価」という言葉を耳にしたことがあると思います。経済学の基本概念であり市場で取引される商品は一つの価格になるという意味です。

それに対し、不動産は俗に一物四価（や一物五価）といわれます。これは一つの不動産に対し、四つも価格が同時に成立してしまうということを意味します（経済学での一物一価の使われ方とは異なります）。

この四つ（五つ）の価格は以下です。
・実勢価格（市場価格）
・公示価格
・相続税路線価
・固定資産税路線価
（・基準地価）

このなかで最も重要なのは実勢価格です。実勢価格とは市場でやりとりされる本当の売買価格のことです。優秀なサラリーマン不動産投資家は、常に実勢価格を意識しながら投資を行います。

この実勢価格は、プロの不動産業者でもなかなか明確に言及できない未確定の価格です。近隣に類似の取引事例があればそれを参照することもできますが、都合よく取引事例があるとは限りません。

多くの場合、この実勢価格は二つの方法で推計されます。一つは積算評価から割り出す方法、もう一つは収益還元評価で推計する方法です。

2　実勢価格の求め方

積算評価とは、当該不動産に前述の相続税路線価や固定資産税路線価が割り振られていた場合や、固定資産税評価額が出ている場合に用います。具体的には、以下のようになります。

> **計算式**
>
> 積算評価＝m^2単価（路線価）×土地面積×不整形地補正

この積算評価をもとに、そのエリアに即した割戻係数で補正をかけて実勢価格を推計します。

> **計算式**
>
> 実勢価格(推計)＝積算評価÷割戻係数

割戻係数とは、そのエリア（より広い範囲）での実際の取引事例と積算評価の乖離を補正する係数であり、そのエリアに詳しい不動産業者に教えてもらう必要があります。

次に収益還元評価は、投資不動産における表面利回りから物件価格を評価する方法です。以下のように計算されます。

> **計算式**
> 収益還元評価＝年間家賃収入÷年間利回り

このときのポイントは、年間利回りを何パーセントにするかということです。これもそのエリアに詳しい不動産業者に確認し、そのエリアで求められる相場の利回りをもとに計算する必要があります。

この収益還元評価は、そのエリアに投資物件があるという前提で推計されるものですので参考になる相場の利回りがないエリアでは正しく推計できないのが難点です。

大切なのは実勢価格を意識することと、その実勢価格はどのように求められるのかを把握することです。税務上の固定資産税評価額や相続税評価額はわかりやすくはありますが、それは必ずしも実態（実勢価格）を表しているわけではないということを知ったうえで、（購入や売却の）投資判断を行わなくてはなりません。

また、実勢価格についても説明できる税理士や不動産業者等のアドバイザーを持つ必要があるのです。

💡 大家さん革命

これからの大家（特に地主）は投資家であるというマインドを持ち、実勢価格を常に意識する必要があります。実勢価格は相続税路線価や

固定資産税路線価の積算及び収益還元評価を用いて推計しなくてはいけません。

そのために、これからの大家（特に地主）は実勢価格について意見や説明ができる税理士や不動産業者等、プロのアドバイザーを選びましょう。

2. 田舎の土地の値段に潜む罠

業者
ここは田舎ですが、固定資産税評価額が高いので資産価値が高いですよ。

金融機関
積算評価が高いので、融資付けができますよ。

税理士
固定資産税評価額についてはわかりますが、実勢価格はわかりません。

投資家
固定資産税評価が売値を超えているとは！ お得物件を見つけちゃった?!

不動産は、様々に評価されます。例えば相続税路線価や固定資産税路線価、公示地価等、様々な表され方をするため、どれが本当の価値を表しているのか混乱をしてしまいます。

そんなとき、立ち返るべき根本原理があります。それは、マーケットメカニズムです。最も重要なのは、物の価格(価値)はマーケット(市場)の需要と供給で決定されるという根本原理です。不動産もマーケットで取引され

る商品である以上、この需給メカニズムから逃れることはできないのです。

ある地方の物件に関する事例です。A氏は、地方都市に在住で不動産投資の勉強も熱心に行っています。そんなA氏が地方都市から車で数時間の隣県にある中古アパートを購入しました。前面に砂利の駐車場、2LDK〜3DK程度の小規模なファミリータイプの一見よさそうな物件です。

固定資産税評価額は売値よりも高く、表面利回りも驚異の20％超です。政府系金融機関はこの物件の固定資産税評価額が高いので、喜んで融資をしてくれました。

しかし、A氏は購入後に困ることになります。というのも、この物件の周囲には多数の新築アパートがあったからです。周囲は畑や住宅等が広がる、のどかなエリアです。昨今の相続税対策ブームによって建てられた新しいアパートが畑のなかにぽつぽつとあります。どうしても新築と見比べられると見劣りしてしまう中古のアパートは、賃貸の繁忙期である4月を過ぎても入居率が5割程度でした。

周辺は、そもそも賃貸ニーズが少ないエリアでした。結局、近隣の新築アパートと入居者を奪い合う状況となり、値下げ競争でA氏のアパートの家賃は想定よりも2割程下がってしまいました。この物件の稼働率を考慮した利回りは約10％となり、返済期間の短い政府系金融機関の借入れだと毎月の支払がぎりぎりの額となってしまいました。これでは修繕や固定資産税の支払が来ると、持ち出しになってしまいます。

この物件は、前面に広い駐車場があり土地が広大だったため固定資産税評価額が売値よりも高く算定されていました。ですが、周辺賃貸マーケットの需要と供給の観点から見れば、その売値は決してお買い得ではなく相応のものだったといえます。

大家さん革命

　相続税路線価や固定資産税路線価による積算評価は、国や地方公共団体が課税のために設定した価格であり、実際の土地の価値そのものを表したものではありません。

　実勢価格はあくまでも需要と供給で決まります。固定資産税評価額が高いからといって、それは必ずしも実勢価格が高いことは意味しません。特に、地方は実勢価格よりも固定資産税評価額が上回っていることも多くあり、注意が必要です。

3. 業者の提示する事業計画を正しく理解するためには？

業者

シミュレーションでは、この土地にマンションを建設したら、毎年120万円ほど儲かりますよ。

税理士

業者さんのいうとおりです。

投資家

うーん、このシミュレーションは本当に合っているのかなぁ、なんか抜けてないかなぁ？

　大家（地主、サラリーマン不動産投資家）向けに業者がマンションや商業施設を提案する際に持ってくる収益シミュレーションには、重大な欠陥があります。業者が提示するシミュレーションには、重要な要素が抜け落ちていることが少なくないからです。

　その要素とは、「所得税・法人税」と「住民税」です。

1
投資不動産を購入するときに気をつけるべきこと

　その物件がマンションか商業施設かにかかわらず、どんな物件でも収益を上げれば所得税や住民税が課税されます。それが法人（中小企業）の場合は所得金額（≒儲け）により22～37％、個人の場合では10～55％と莫大な金額となります。この金額は、課税されればそのままキャッシュフローを悪化させる要因であるにもかかわらず、業者の提案資料からはすっぽりと抜け落ちているのです。

　例えば業者からの提案で「毎年200万円のプラスキャッシュが出ます」といわれたのに、実際には手元に現金が50万円程度しか残っていないような相談を受けたことがあります。これは、業者の提案には抜けていた税金の影響を受けていたからです。

　業者の提案に税金が抜け落ちているのには、理由があります。

　それは、業者は大家（地主、サラリーマン不動産投資家）の資産状況と収入状況がわからないので、大家（地主、サラリーマン不動産投資家）本人の税金を計算することはできないからなのです。当然ですが、業者は提案する相手の資産・収入についての情報を持ってはいません。そのため、提案物件に関する不完全なキャッシュフロー計算書（C／F）のみを提示してシミュレーションを行うことになるのです。

　不完全なキャッシュフロー計算書を使うと黒字幅が大きく見えるため、業者はアパマンの建築を勧めるのです。自分の資産・収入の全貌を把握できるのは本人と顧問税理士だけです。つまり業者が提案するシミュレーションの善し悪しは、本人が自ら税金の影響を加味して判断しなくてはならないのです。

　自身で税金を計算することができない場合は、税理士に財務3表[※]（B／S、P／L、C／F）に基づくシミュレーションを作成してもらう必要があります。

財務3表とは、
・B／S（貸借対照表）：資産と負債を並べた表のこと
・P／L（損益計算書）：収入と費用から利益を計算する書類のこと
・C／F（キャッシュフロー計算書）：実際の現金の動きを表す書類のこと
を指します。P／Lでは黒字でもC／Fではマイナスになることもあるため、その両方を見る必要があります。

大家さん革命

業者が提案するシミュレーションには、多くの場合、その物件が稼ぐことにより課税される所得税と住民税が含まれていません。

所得税や住民税はダイレクトにキャッシュフローを悪化させる要因なので、必ずシミュレーションに加味しなくてはならない要素です。

その物件が黒字を生み出すものであればあるほど、所得税や住民税は重くのしかかってきます。

業者のシミュレーション上、キャッシュフローがプラスだったとしても、所得税や住民税を引くと、本当の手残りキャッシュフローがマイナスになってしまう可能性があることを事前に把握しなくてはなりません。

取るべきアクション

- 税理士等のプロのアドバイザーを活用しましょう。
- プロのアドバイザーは、常日頃から財務3表に基づく分析と提案ができるようにスキルを磨いておきましょう（キャッシュフローベースドの管理会計スキルを磨いておく）。

4. 財務3表で見る、よい投資・悪い投資

ワンルームマンションを購入すれば、節税ができますよ。

赤字の場合、源泉徴収された所得税が戻ります！

赤字って、大丈夫なの？

【事例】

サラリーマン不動産投資家の事例です。ある高所得サラリーマンS氏は、帰宅時に会社の前で区分所有を売買するセールスマンに声をかけられました。

そのセールスマンは高所得の人の悩みである高い税率について言及し、新築の区分マンションを買えば節税になると説明します。

セールスマンは「月々8万円の家賃収入があり、ローン返済が9万円なので、月の支払は1万円で区分マンションのオーナーになれます」といいます。

毎月赤字なのか、とS氏が顔を曇らせていると、すかさずセールスマンは「赤字分は給与の税金から還付されますよ」と伝家の宝刀の税金還付を持ち出します。

すると、これまで怪訝な表情だったS氏の顔が明るくなります。S氏は給与明細に引かれている様々な控除（厳密には、所得税、住民税、健康保険、厚生年金、雇用保険等の合算）があまりに大きかったことを日頃から嘆いて

第 4 章
負動産をつかまないために

いたため、この話に俄然興味を持ち始めます。

「毎月1万円の支払をしたとしても税金が還付されるとすれば、実質プラスになるし、税金を払う分のお金で区分マンションを手に入れることができる」。

S氏は、この話が何だかとても魅力的に思えてきました。

結局、S氏はこのセールスマンから区分マンションを五つも購入することになります。そのために約1億円のローンを組みます。

サブリースにも入っているので家賃は毎月固定で入ってきますし、年間約90万円は税金還付を受けることができるので、月々の支払5万円（1万円×5部屋分）を差し引いても30万円程度は儲かったことになります。

S氏は自分の選択に自信を持ち、これで人生は安泰だと思いました。

この話だけを聞くと、確かに魅力的なように思えます。ですが、この話には続きがあります。

S氏が五つの区分マンションを購入して2年後、アメリカを発端とした世界的な不況が訪れます。S氏の勤めている会社もその余波を受け業績は赤字に転落しました。

会社は大規模なリストラを行い、高所得だったS氏もその対象となってしまいました。S氏は割増の退職金をもらい、元々の会社より規模の小さい同業他社へ転職しました。給料は元々の会社の約半分と、ずいぶん少なくなりました。

S氏が持っている区分マンションにとって、これが致命的な問題でした。

給料が半分になった翌年の税金還付額は、何と40万円程度しかありませんでした。以前の半分程度の還付額です。毎月の赤字額を税金還付で補うというモデルは、給与が下がることにより崩壊してしまいました。転職で給与が下がっているS氏にとって、赤字の区分マンションを持っていることは辛くなりました。そこでS氏はマンションを売ることにしました。

S氏は物件を購入したセールスマンに連絡しました。そのセールスマン

はすでに退職していましたが、何とか後任のセールスマンと話をすることができました。

　後任のセールスマンは自分が売った物件ではないという理由で、Ｓ氏の懐事情等一切考慮してくれません。後任のセールスマンの回答は、Ｓ氏の保有する五つの区分マンションを合計5,000万円で買い取るというものでした。

　Ｓ氏には、まだ1億円弱のローンが残っています。この状態で5,000万円でしか買い取ってもらえなければ、ローンが支払えなくなります。

　しかたなくＳ氏は駅前にある不動産業者にうなだれながら入り、区分マンションの売却について相談をしました。不動産業者は周辺物件の成約事例等を調べながら、いくらで売買できそうかを算定しました。

　しかし、不動産業者が算定した売買価格も6,000〜7,000万円程度とＳ氏のローン残金にはほど遠い額でした。

　Ｓ氏は五つの区分マンションを売ることもできず、これから数十年も毎月ローンを支払い続けなくてはなりません。

第 4 章
負動産をつかまないために

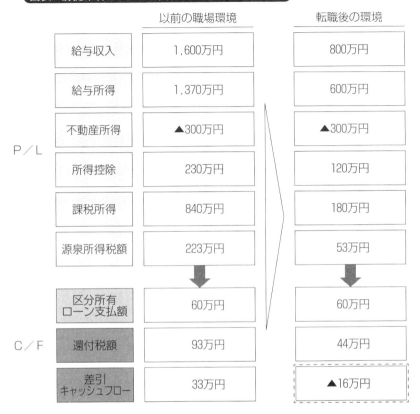

どうしてS氏はこのような状態に陥ってしまったのでしょうか。

それはS氏が前提条件を永遠のモノと考え、数字をよく見ていなかったからです。区分マンションで節税ができたのは、S氏の給与が高いという前提条件があったからです。前提条件が変われば、このモデルは容易に成り立たなくなります。本来は税金還付をあてにせず、区分マンション単体で黒字になる必要があったのです。

なぜ、S氏はそこに気づかなかったのでしょうか。それには二つの理由があります。

一つ目は、Ｓ氏は給料が減ったらそれに連動して還付税金が減ってしまうということ、一般化していうとＰ／Ｌ（収入）が減ればＣ／Ｆ（還付税金）が想定以上に減るということを、理解できていなかったからです。
　二つ目は、新築の区分マンションは購入した直後にＢ／Ｓ評価（資産価値）が大幅に下がるということを甘く見ていたからです。
　よい投資を行うには、その物件単体でみて「Ｐ／Ｌは赤字、Ｂ／Ｓは減少しない、Ｃ／Ｆはプラス」の状態を維持することが必要です。
　それに対してＳ氏のような悪い投資は「Ｐ／Ｌは赤字、Ｂ／Ｓは減少、Ｃ／Ｆは、マイナス」という状態になっているのです。
　区分所有のセールスマンは「Ｐ／Ｌは赤字になり、節税になる」という点しか強調しません。数字に強い人であれば、Ｂ／ＳやＣ／Ｆに言及しない時点で怪しいと思うもののですが、Ｓ氏のように数字に弱い人はＢ／ＳやＣ／Ｆについては思いを巡らすことができないのです。
　もしＳ氏のまわりに財務３表に基づき説明してくれるアドバイザーがいてくれればと、悔やまれてなりません。

💡 大家さん革命

よい投資と悪い投資の条件を、肝に銘じましょう！
- よい投資：「Ｐ／Ｌは赤字、Ｂ／Ｓは減少しない、Ｃ／Ｆはプラス」
- 悪い投資：「Ｐ／Ｌは赤字、Ｂ／Ｓは減少、Ｃ／Ｆは、マイナス」

図表：よい投資と悪い投資の条件

	具体例	P/L	B/S	C/F
良い投資	✓ 高CF一棟アパート・マンション（キャッシュ重視） ✓ 高積算一棟アパート・マンション（土地値重視）	赤字 ↓	資産は減少しない	現金収入は増加 ↑
悪い投資	✓ 1R区分所有 ✓ 価値の下がるマンション一室 ✓ 需要の無い地域に賃貸建設	赤字 ↓	大幅に減少 ↓	現金収入減少（月々1万円のローン支払等）

ポイント　P／Lを赤字にしつつ、B／SとC／Fを減らさないことが重要

5. 自己資金回収年数を重視する

業者

利回りが低い物件には、自己資金を入れて購入しましょう。

税理士

自己資金を入れれば、返済比率が減るのでキャッシュが回りますね。

地主

自己資金を入れれば、キャッシュはプラスになるけど、それで本当によいのかな？

1 マイホームの買い方と投資物件の買い方は違う

　マイホームを購入するときに、多くの人は頭金を入れます。これは金融機関からの借入額を減らし、返済を楽にする効果があります。

　マイホームの場合、月々の返済額が減り支払が楽になるとともに、返済総額が少なくなりますので、頭金を入れるということは購入者にとってメリットが大きいです。

　しかし、投資物件において頭金を入れることは一概によいこととはいえません。というのも投資は、支払った金額に対してのリターンによって評価されるからです。

2 頭金を入れると悪くなる投資効率

　例えば、以下のような不動産投資物件があったとします。

【投資物件】

・物件価格 1 億円

・利回り 10％

　この物件を、フルローン（1億円の借入）の場合と、9割ローン（9,000万円の借入）、金利2％、期間35年で借入れた場合のキャッシュと支払総額は以下です。

【フルローンの場合】

・借入額：1億円

・購入時に必要な現金：680万円（諸費用）

・年間手取りCF：197万円（初年度、税引後）

【9割ローンの場合】

・借入額 9,000 万円

・購入時に必要な現金：1,670万円（頭金＋諸費用）
・年間手取りCF：227万円（初年度、税引後）

　両方とも同一の物件ですが、借り入れた金額によって年間の手取りCFはその差30万円です。これだけみると、9割ローンのほうがCFが増えてよさそうにも思えます。

　しかし、投資家の視点では必ずしもCFの絶対額が増えることがよいことにはなりません。というのもフルローンと9割ローンは、購入時に必要な金額が異なるからです。フルローンと9割ローンでみると、購入時に支払った現金の差はおよそ1,000万円です。それに対して、年間の手取りCFは30万円しか増えません。大家（地主、サラリーマン不動産投資家）としては、この差をはっきりと認識する必要があります。

　そのための指標が「投資回収年数」です。投資回収年数とは、最初に支払ったお金が何年で手元に戻ってくるかということを表す指標で、購入時に支払った現金÷年間手取りCFで計算されます。

　フルローンの場合の投資回収年数は、680万円÷197万円で4年以内に回収し終えます。一方9割ローンの場合は1,670万円÷227万円となり回収し終えるのは8年後です。

　その年数をみると、フルローンであれば4年ですが、9割ローンですと8年で2倍です。つまり、フルローンの場合は4年目以降の手取りCFはすべてプラスの利益ということになります。それに対し、1割の頭金を入れるとその回収に8年もかかってしまうので、効率が悪いのです。

　「のど元を過ぎれば熱さ忘れる」といいますが、人はすでに支払ってしまった費用についてはあまり考慮しないものです。しかし、大家（地主、サラリーマン不動産投資家）たるもの、頭金を入れるかどうかも投資効率の観点から考えて判断しなくてはならないのです。

1
投資不動産を購入するときに気をつけるべきこと

💡 大家さん革命

- 頭金をたくさん入れる不動産経営は、必ずしもよいことではないと認識しましょう。
- 購入する（した）物件の自己資金回収年数を計算してみましょう。
- 極力借入を増やし資本投資効率を高める努力をしましょう。

6. 自己資金０（ゼロ）の甘い罠

業者：自己資金がなくてもアパートを購入することができます。

税理士：現状低金利ですし、自己資金なしで物件購入しても大丈夫です。

投資家：貯金がなくても不動産投資できるなら、やってみたいな。

1 本来不動産投資には、なにかとお金がかかる

「貯金が少なくても不動産投資ができる」、そんな広告を目にしたことはありませんか？

不動産投資は確かに他人資本（金融機関）を用いて行うので、理論的には１円も自己資金を使わずに行うことができるはずです。しかし、実際はどうなのでしょうか。

不動産投資を行うためには、物件価格の他に、ローン手数料、登記費用、不動産業者への仲介手数料等たくさんの諸費用がかかります。この諸費用

はおおよそ物件価格の8％です。つまり、1億円の物件を購入しようと思うと最低でも800万円、5,000万円の物件では400万円、3,000万円の物件でも240万円以上の自己資金が必要だということです。

人にもよりますが、普通のサラリーマンがこれだけのまとまったお金を貯めるのは難しいことです。自己資金が少なくても不動産投資ができるという魔法の言葉は、魅力的に聞こえるかもしれません。

しかし、耳に心地よいその言葉は、悪魔のささやきなのです。

2　満室でも赤字！〜自己資金0(ゼロ)の悲惨な顛末

「自己資金が少なくても不動産投資はできる」と主張をする業者には、共通するパターンがあるといえます。それは、「業者が売主になっている」ということです。

不動産の売買には、売主から売却を依頼された不動産業者が仲介を行う場合と業者そのものが売主となる場合が存在します。業者が売主の場合、仲介手数料が発生しないというメリットがあります。業者が売主となるパターンではこのメリットを喧伝しています。

また業者が売主になるパターンは細かく分けると、その業者やその関連会社が建築をするパターンと、中古物件を仕入れて売るパターンが存在します。いずれにせよ、投資をする際に必要となる仲介手数料が0(ゼロ)になることを魅力的に謳っています。

またそれ以外にかかる費用（登記費用やローン手数料）についても業者が受け持ってくれて、自己資金が限りなく0(ゼロ)に近いかたちで購入できます。セミナーや無料相談会を行っており、来場する人たちに自社の物件だからこそ、自己資金がなくても不動産投資ができるということを説明します。しかし、なぜ彼らは諸費用を自社で負担してくれるのでしょうか？

冒頭で述べたとおり、通常の不動産取引では物件価格の8％程度の自己資金がかかります。1億円の物件で約800万円です。

この800万円を業者が負担してくれる理由はただ一つ、負担する金額よ

りも儲けの金額がはるかに大きいからです。

とある業者は築30年の中古アパートを3,500万円で仕入れて、特に手を加えることなく8,000万円の利回り6％の自社物件として売っていました。また、ある業者は新築の利回り6％の物件を自社のセミナーに来てくれた人に売っていました。

業者は儲けることが仕事ですから、これ自体を非難するつもりはありません。ただ、この利回り6％の物件というのがどういうことを意味するのか、聡明な読者の方々はお気づきだと思います。

利回り6％の物件をフルローンで購入すると、1部屋でも空きが出ると赤字になってしまいます。それどころか、この物件は近い将来、満室でも赤字経営になることが予測されます。というのも賃貸物件は新築時の家賃が最も高く、築年数がたつと家賃が下落していくものだからです。

だからといって、業者を責めるのはお門違いです。儲かるとは一言もいっていないはずだからです（「儲かることもあれば、損することもある」とはいうかもしれませんが…）。

たしかに、万に一つの確率でバブル時代のように物件自体が値上がりすれば、6％という低利回り物件でも儲かることもあるでしょうから、嘘はいっていないのです。満室でも赤字になってしまう物件への投資が適正かどうか、大家（地主、サラリーマン不動産投資家）は数字に基づいてシビアに判断しなくてはなりません。

もちろん、常に満室で20％の利回りを出す新築物件を自己資金なしで購入できるとすれば、それはよいかもしれません。しかし、当然ですがそのようなうまい話が、自己資金もない素人のところにやってくるはずはありません。向こうからやって来るうまい話は、たいてい裏があると思っておいたほうが無難なのかもしれません。

取るべきアクション

- 自己資金0(ゼロ)でも不動産投資ができるという甘言には原則耳を貸さないこと。
- まずは物件価格の8％まで貯金を頑張りましょう。

業者と金融機関からの提案で気をつけるべきこと

1. 儲からないホテル建設を持ちかけられる地主

業者
東京オリンピックに向けてホテルを建設しましょう。経営は我々にお任せください。

金融機関
土地を担保にホテルの建設資金は融資致します。

地主
オリンピックまではよいとしても、その後は？

1 穴だらけのホテル建築計画
【事例】

ホテル建設を持ちかけられた事例です。

近年の訪日外国人観光客の増加を受け、今ホテル業界は投資を増加させています。都内好立地に土地を保有する地主のY氏は、最近複数のホテル業者からホテル経営の提案を受けています。

各ホテル業者は、きれいなパンフレットとA3カラー刷りの「Y様○○ホテル事業計画」を見せながらY氏にプレゼンテーションを行います。Y氏も人生の集大成に大規模なホテルを建設することに乗り気な様子です。

しかし、そもそも地主一筋のY氏にとって、ホテル経営は未知の領域です。Y氏はこれまで店舗物件等の賃貸を行ったことがありますが、自分自身で経営を行ったことはありません。

　そんなY氏の不安を解消するかのように、各業者はホテルの経営自体は任せてくださいといいます。ホテル従業員募集から接客、室内の清掃や運営等はすべてその業者が行ってくれ、Y氏には月々の売上に応じた料金が支払われるというのです。

　この業者は、Y氏に二つのプランを用意していました。それは「全額ローンでのホテル建設」と「一部自己資金を用いてローンでのホテル建設」の二つでした。

　いずれの計画も5億8,000万円の建設費用がかかり、その費用をローンでまかなうか、もしくは一部自己資金でまかなうかの違いがあるだけです。

　この計画が破綻しているのは、全額ローンで建設した場合を見れば一目瞭然です。業者の見積もりによれば、全額ローンで建設した場合、当初9年の毎年のキャッシュフローは税引前の段階ですでに、12〜56万円ほどマイナスになります。

　9年目まで税引前キャッシュフローはマイナスが続き、9年で約300万円ほどマイナスが累積するといったものです。

　この試算は、あくまで業者が提示した税引前キャッシュフローによるものです。仮に所得税・住民税を計算したものが図表1の下2行です。

　この例では全額ローンでホテル建設を行った場合、所得税住民税を引いた残りのキャッシュフローはずっとマイナスであり、20年累積で▲1,790万円にもなることがわかります。

　二つ目の計画「一部ローンでのホテル建設」は、5億8,000万円の建設費のうち約7,000万円の自己資金を投入し、毎年のキャッシュフローをプラス200万円に見せかけるというものです。この場合、20年間ずっと税引後キャッシュフローはプラスになります。

プラスになるから投資しようと、ほんの一瞬でも思った方はこの事例のような業者に騙されています。この物件から得られる税引前キャッシュフローの 20 年合計は約 3,500 万円になります。一方で建築時に支払った自己資金は 7,000 万円です。つまり 20 年たっても、当初支払った自己資金の半分しか回収できないという破綻した計画なのです。
　要するに、この業者が提示した二つのプランは自己資金の額が異なるだけで、基本的に建築コストが割高すぎるという欠点を持っていたわけです。
　自己資金を入れることにより、毎年のキャッシュフローがプラスになるように見せかけて提案する非常に悪質かつ稚拙な提案をする業者もゼロではないというのが現状です。信頼できる顧問税理士にきちんと相談し、数字から冷静な判断をしましょう。

第 4 章
負動産をつかまないために

図表1：（5億8000万円全額借入の場合）

	1年目	2年目	3年目	4年目	5年目	6年目	7年目	8年目	9年目	10年目
家賃収入	3,080万円	3,080万円	3,080万円	3,080万円	3,080万円	3,080万円	3,080万円	3,080万円	3,080万円	3,080万円
経費	3,100万円	3,070万円	3,050万円	3,000万円	2,980万円	2,950万円	2,900万円	2,880万円	2,860万円	2,810万円
課税所得	▲20万円	10万円	30万円	80万円	100万円	130万円	180万円	200万円	220万円	270万円
税引前キャッシュフロー	▲56万円	▲56万円	▲56万円	▲35万円	▲35万円	▲33万円	▲12万円	▲12万円	▲12万円	8万円
所得・住民税	0万円	3万円	10万円	26万円	33万円	43万円	60万円	66万円	73万円	89万円
税引後キャッシュフロー	▲56万円	▲59万円	▲66万円	▲61万円	▲68万円	▲76万円	▲72万円	▲78万円	▲85万円	▲81万円

（上段：業者が示したシミュレーション部分／下段：自分で計算した部分）

税率33％で計算

	11年目	12年目	13年目	14年目	15年目	16年目	17年目	18年目	19年目	20年目
家賃収入	3,080万円	3,080万円	3,080万円	3,080万円	3,080万円	3,080万円	3,080万円	3,080万円	3,080万円	3,080万円
経費	2,780万円	2,760万円	2,710万円	2,680万円	2,650万円	2,610万円	2,580万円	2,550万円	2,500万円	2,470万円
課税所得	300万円	320万円	370万円	400万円	430万円	470万円	500万円	530万円	580万円	610万円
税引前キャッシュフロー	10万円	10万円	30万円	30万円	30万円	50万円	50万円	50万円	70万円	70万円
所得・住民税	99万円	106万円	122万円	132万円	142万円	155万円	165万円	175万円	191万円	201万円
税引後キャッシュフロー	▲89万円	▲96万円	▲92万円	▲102万円	▲112万円	▲105万円	▲115万円	▲125万円	▲121万円	▲131万円

税率33％で計算　　税引後キャッシュフロー20年合計：▲1,790万円

2 業者と金融機関からの提案で気をつけるべきこと

図表2：（5億8000万円中7000万円の自己資金を投入した場合）

	1年目	2年目	3年目	4年目	5年目	6年目	7年目	8年目	9年目	10年目
家賃収入	3,080万円	3,080万円	3,080万円	3,080万円	3,080万円	3,080万円	3,080万円	3,080万円	3,080万円	3,080万円
経費	2,990万円	2,970万円	2,950万円	2,910万円	2,890万円	2,860万円	2,820万円	2,800万円	2,780万円	2,740万円
課税所得	90万円	110万円	130万円	170万円	190万円	220万円	260万円	280万円	300万円	340万円
税引前キャッシュフロー	230万円	230万円	230万円	250万円	250万円	250万円	280万円	280万円	280万円	300万円
所得・住民税	30万円	36万円	43万円	56万円	63万円	73万円	86万円	92万円	99万円	112万円
税引後キャッシュフロー	200万円	194万円	187万円	194万円	187万円	177万円	194万円	188万円	181万円	188万円

（上部：業者が示したシミュレーション部分／下部：自分で計算した部分）

税率33%で計算

	11年目	12年目	13年目	14年目	15年目	16年目	17年目	18年目	19年目	20年目
家賃収入	3,080万円	3,080万円	3,080万円	3,080万円	3,080万円	3,080万円	3,080万円	3,080万円	3,080万円	3,080万円
経費	2,710万円	2,690万円	2,640万円	2,620万円	2,600万円	2,550万円	2,520万円	2,500万円	2,460万円	2,430万円
課税所得	370万円	390万円	440万円	460万円	480万円	530万円	560万円	580万円	620万円	650万円
税引前キャッシュフロー	300万円	300万円	320万円	320万円	320万円	340万円	340万円	340万円	360万円	360万円
所得・住民税	122万円	129万円	145万円	152万円	158万円	175万円	185万円	191万円	205万円	215万円
税引後キャッシュフロー	178万円	171万円	175万円	168万円	162万円	165万円	155万円	149万円	155万円	145万円

税率33%で計算　　税引後キャッシュフロー20年合計：3,513万円

2　最低限おさえておくべき二つの指標

　投資を判断するには、様々な指標があります。例えばNPV（正味現在価値／割引現在価値）を用いる等、世の中の教科書には小難しい投資判断基準が載っています。

　しかし、不動産投資にはそういった難しい指標は必要ありません。常識的な数字の読み方ができれば、それで十分です。

　その常識的な数字の読み方とは下記の二つです。

　一つはすべてのキャッシュアウトを差し引いた「純粋な手残りのキャッシュフロー」であり、もう一つは「投資回収年数」です。

　純粋な手残りのキャッシュフローとは、文字どおりすべてのキャッシュアウトを加味した本当の手残りの現金のことです。

　これは顧問税理士にP／LとB／Sをもとに、C／F計算書を作成してもらえば見ることができます。

　重要なのは、その作成時に所得税と住民税を加えるということです。

　今回のホテル業者の事業計画例では、残念ながら所得税と住民税が加味されずにキャッシュフローが計算されていました。

　見かけ上、そのほうがプラスが大きく出るため一見惑わされますが、大家（地主、サラリーマン不動産投資家）が最終的に受け取るのは税引後の金額ですから、その額を見て判断しなくてはなりません。

　業者の事業計画がある程度しっかりしたものであれば、顧問税理士にこの事業計画によって追加される所得税・住民税額を計算してもらうのがよいでしょう。

　次に「投資回収年数」についてです。

　「一部ローンでのホテル建設」の例では、初期投資として自己資金7,000万円を支払いますが、この初期投資額については業者が提示するシミュレーションを見る限りでは20年たっても半分しか回収できないという見込みになっていました。

これは、非常にわかりやすい投資指標です。例えば投資効率がよいものであれば、投資回収年数は5年や10年となり以降の収益はすべてプラスになりますし、投資効率が悪ければローンが終わるまで、初期投資の金額を回収できないことが一目瞭然となります。

この投資回収年数もベースとなるのは、前述の「純粋な手残りのキャッシュフロー」です。

キャッシュフローをベースに何年で回収できるかを割り算します。

この「投資回収年数」の見方は直感的でわかりやすいので、数字が苦手な方でも簡単に使いこなすことができます。

取るべきアクション

- 投資回収年数を見る癖をつけましょう。
- 今すぐ顧問税理士に投資回収年数とキャッシュフローの計算を依頼しましょう。

図表:自己資金回収年数の重要性

自己資金回収年数	累積税引後キャッシュフローが何年目で自己資金を超えるのかの年数

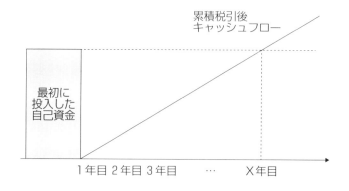

図表：図表2の場合の自己資金回収年数

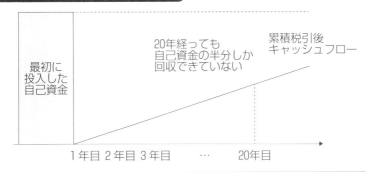

優秀な不動産投資家であれば、自己資金回収年数は5〜10年以内
20年経っても回収できていないのは投資として破綻していることの査証となる

2. 7,000万円の価値しかない物件を1億3,000万円で買った投資家の悲劇

業者　節税対策になりますし、利回りは8％、新築ですし、サブリースは30年間当初の家賃を保証します。しかも、快適な住居と仕事を提供するという、社会貢献ができます。

金融機関　融資審査はどんどん行いますよ。

投資家　社会貢献にもなるし、節税にもなるし、その上30年間変わらない家賃を保証してくれるなら一石三鳥か。金融機関も保証してくれるなら安心かな。

1　「かぼちゃの馬車事件」とは

　関東を中心に、700人もの投資家を巻き込み大騒動となった「かぼちゃの馬車」事件は記憶に新しいでしょう。

　この事件は、「かぼちゃの馬車」という女性専用シェアハウスの新築アパートを販売し、そのサブリース管理を請け負っていたスマートデイズが平成30年（2018年）の1月に急きょサブリースの賃料支払を停止し、金融機関の返済が滞りかけるというサラリーマン不動産投資家にとって恐ろしいものでした。

　投資していた人の多くは高所得のサラリーマンで、30年変わらない家賃保証等に惹かれて不動産投資に参入していました。

　彼らの一人あたりの投資額は1億円から3億円と規模も大きく、月々の金融機関への返済は100万円前後となるため、サブリース賃料の支払が停止されると金融機関の返済を行うことはほとんど不可能な状態でした。

　そんな彼らがサブリース賃料の支払停止は契約違反であるということで、運営会社であるスマートデイズを相手取り訴訟を始めるとともに、融資した金融機関に対しても融資姿勢の問題やエビデンスの改ざん等で追及を行いました。

　投資判断は自己責任ですから、基本的には販売・管理を行っていたスマートデイズや金融機関に対しての追及は一定までしか行えないでしょうが、購入してしまった人の悲惨な状況は見るに堪えないものがあります。

2　深手を負った高所得サラリーマンの事例

　そんな高所得サラリーマン投資家の方の一人、東京23区の人気エリアである中野区に「かぼちゃの馬車」を購入してしまったP氏の例を見ます。

　この方が購入された「かぼちゃの馬車」は土地の広さが約100m^2、建物延べ床面積が約150m^{2}です。木造2階建てで、1階に8部屋、2階に8部屋。各部屋の広さは7m^{2}程度です。共用の設備としては1階にトイレ二つ、浴室二つ、洗濯機・乾燥機二つ、2階にも同数が設置されています。

気になる稼働率は、「かぼちゃの馬車」事件が発覚する前までは80％を保っていたそうですが、事件後は30％ほどになったそうです。

事件後、この所有者はこの物件をどうするべきか悩んでいましたので相談に乗りました。高所得サラリーマンとはいえ月々の支払が62万円程度あるこの物件について行えることはほんの少ししかありませんでした。当時、この物件について考え得る手立ては二つしかありませんでした。

① 一つ目は売却してしまう。

② 二つ目は経営を再建する。

この二つについて、それぞれ検討していきました。

一つ目の売却ですが、この物件の価格は1億3,000万円で購入後、残債はほとんど減っておらず、1億2,900万円は残っていました。築1年程度とはいえ、残債の1億2,900万円では売れそうにありません。

不動産の売買において物件を売却する場合、まずその物件の市場価値を査定します。市場価値自体は、周辺の取引事例や路線価等、客観的な複数の指標をもとにできる限り科学的に検証します。

今回の物件について、複数の手法で査定を行ったところ、最も安い査定で土地価格4,000万円、建物価格で3,000万円、合計7,000万円程度となりました。実際の価格はこれより上になることが多いので、おおよそ8,000～9,000万円程度であれば、買い手がつくと予想されました。

しかし、残念ながらこの査定金額では売却することはできないのです。というのも、この金額で売却しても金融機関の抵当を外すことができないからなのです。仮に9,000万円で購入希望者が現れたとしても残債が3,900万円ほど残りますので、金融機関の抵当権を外すことができず、売却ができないからなのです。

もちろん、3,900万円を売主が金融機関に現金で支払ってしまえば、売却は可能ですが、そのような大金を一度に支払うことはとても難しいのが現実です。

ということで、一つ目の売却を試みるのは現時点では不可能ということがわかりました。

　それでは、二つ目の自主管理についてです。

　経営再建にはいろいろとやるべきことがありますが、まずはスマートデイズのサブリース契約を解除し、他のシェアハウス業者や、一般の不動産管理業者への委託を試みるというのが最初の一歩です。これまで物件購入後一度しか現地を見ていないというサラリーマン不動産投資家に、物件の写真を撮ることや、アピールポイントをしっかりと把握して、地元の管理業者を回ることをアドバイスします。

　この方の場合は、シェアハウスという特殊な作りから、不動産業者によっては管理を引き受けてくれないところもありますが、エリア的に人気のある地域だったことが功を奏して、なんとか新しい管理業者を見つけることができたようです。まだまだ満室までは程遠いですが、月々の支払分くらいには家賃収入が入り、目下の課題は何とか克服できたようでした。

　もちろん現状の稼働率のままでは、物件の返済が進むことで支払う税金が増え、近い将来には赤字に転落してしまうのですが、それまでに稼働率を上げて収入を確保する必要があります。

　経営再建したことにより、7〜10年程度の間は何とかうまく切り抜けることができる手はずは整ったわけですから、その間に本業の給与等を貯蓄し、来たるべき赤字転落に陥る前に残債を少しでも減らし、返済を軽くする必要があります。

　こうして、この方の場合、目の前の破産を免れることはできましたが、無傷というわけにはいきませんでした。将来にわたりたくさんのお金をこの負動産につぎ込み、リカバリをし続けなくてはならないという大きな傷を負ってしまいました。

3　理論武装で自衛する

　これほど極端な例ではありませんが、不動産投資は金額が大きいため、

負動産を購入すると、その後のリカバリが非常に困難になります。

この場合の負動産とは、割高な物件を指しますが、何が割高で何が割安かの判断基準を持っていないで投資を始める人も少なくありません。

そこに、悪質な業者のつけ入るスキがあるのです。

今回の問題は、素人が判断基準を持たないにもかかわらず、業者の提示する都合のよい情報のみに基づいて投資判断を行ったことが最も大きな原因です。程度の差はあれ、今後もこういった問題は起こり続けるでしょう。

こういった問題に陥らないためにできることは、ただ一つです。それは勉強し続けることです。相手に提示された情報だけで納得するのではなく、そもそも提示された情報は真実なのか、自分自身の頭で考えること、考えるための知識を身につけること、その学習を継続すること、それこそが唯一の自衛手段なのです。

取るべきアクション

通常の賃貸経営とマーケット状況を把握せずに、新種の賃貸ビジネスモデルに安易に飛びつかないこと。

3.「実質タダ」の言葉に踊らされた中小企業のサラリーマン

業者
ローンシミュレーションによれば家賃でローンを払え、おこづかいまで手に入りますよ。

税理士
業者さんのいうとおりですね。投資に値しますよ！

投資家

ローンを家賃で返済できるなら、「実質タダ」でマンションが手に入るってことだよな…。

1 実質タダのはずがなぜか逆ザヤに

【事例】

中小企業に勤めるサラリーマンの事例です。

F氏は入社2年目の若手社員です。彼は投資に関心があり株や為替、不動産投資を行っています。彼が行っている不動産投資は、築浅で2,000万円ほどの区分所有です。会社の副業規定に引っかからないよう、サブリースをつけて就業中の電話対応等を受けなくてよいようにしていました。

ある日、上司であるK課長はF氏の話を聞き、自分もぜひ不動産投資をしてみたいと思いました。そこでK課長は思い切ってF氏に区分マンションのセールスマンを紹介してもらいました。セールスマンはすぐさま飛んできて、K課長に対して4,000万円ほどの空港の近くにある約35m^{2}のデザイナーズマンションを勧めてきました。このマンションはF氏に勧めたマンションの2倍の価格です。また近隣の中古区分マンションの平米単価が80万円に対して114万円とやや割高感があります。K課長は一目でこの物件を気に入り購入することにしました。

空港に近いのでフライトアテンダントや空港関係者の入居が見込めることや、このマンションはデザインが人気であること等のセールスマンの話も説得力がありました。しかし、何より購入の決め手となったのは月々のシミュレーションによる説明でした。

月の家賃18万5,000円に対して、ローン支払が14万5,000円に管理費修繕積立金が3万円ということで毎月1万円のプラスとなり、年間12万円プラスとなります。ここから固定資産税が8万円ほど引かれますが、それでも年間2万円はプラスになります。

35年のローンを支払い終われば家賃収入は丸ごと手に入ります。月々の支払がマイナスにならないなら、35年後には「実質タダ」で資産を手に入れられるのですから、K課長の夢は広がります。

　ところがこのK課長の物件は、満室稼働を続けているにもかかわらず8年目に入ったころからキャッシュが貯まらなくなってきました。それどころか毎年キャッシュアウトするようになってきました。

　業者のシミュレーションでは毎年約2万円のプラスになるはずなのですが、実際の手取りは毎年大きくマイナスになっています。10年目を迎えた現在では、毎年2万円の逆ザヤになっています。K課長は不思議に思いながらも、自分の小遣いをローン支払口座に入金しています。

　順調そうなK課長の身に、何が起きたのでしょうか。

2　逆ザヤの原因はなにか

　業者がK課長に見せたシミュレーションには「所得税・住民税」が入っていなかったということが今回の騒動の理由です。

　家賃も所得である以上、所得税及び住民税がかかります。しかし、業者が出すシミュレーションには所得税や住民税が入っていないことがあります。所得税や住民税は各人の給与所得等に従って累進課税されるため、正確な数字を計算することが難しいためです。

　しかしながら、この所得税・住民税は毎年のキャッシュをプラスにするかマイナスにするかを決める大切な要素です。これを入れずして数値判断をするということは、あってはならないことなのです。以下に、今回のシミュレーションによる毎年のキャッシュを見てみます。

3 所得税・住民税が加味されていない場合

図表：（4,000万円の区分所有）

	1年目	2年目	3年目	4年目	5年目	6年目	7年目	8年目	9年目	10年目
家賃収入	222万円	222万円	222万円	222万円	222万円	222万円	222万円	222万円	222万円	222万円
経費	228万円	226万円	224万円	222万円	220万円	218万円	216万円	214万円	211万円	209万円
課税所得	▲6万円	▲4万円	▲2万円	0	2万円	4万円	6万円	8万円	11万円	13万円
税引前キャッシュフロー	2万円	2万円	2万円	2万円	2万円	2万円	2万円	2万円	2万円	2万円

（業者が示したシミュレーション部分）

K課長の例のとおり、毎年2万円程度プラスになっています。素人がこの表を見れば、未来永劫に毎年2万円のプラスが続くものと理解するでしょう。

次に、所得税と住民税を加味したものを見てみます。

4 所得税・住民税を加味した場合

図表：（4,000万円の区分所有）

	1年目	2年目	3年目	4年目	5年目	6年目	7年目	8年目	9年目	10年目
家賃収入	222万円	222万円	222万円	222万円	222万円	222万円	222万円	222万円	222万円	222万円
経費	228万円	226万円	224万円	222万円	220万円	218万円	216万円	214万円	211万円	209万円
課税所得	▲6万円	▲4万円	▲2万円	0	2万円	4万円	6万円	8万円	11万円	13万円
税引前キャッシュフロー	2万円	2万円	2万円	2万円	2万円	2万円	2万円	2万円	2万円	2万円
所得・住民税	▲2万円	▲1万円	▲1万円	0	1万円	1万円	2万円	3万円	4万円	4万円
税引後キャッシュフロー	4万円	3万円	3万円	2万円	1万円	1万円	0	▲1万円	▲2万円	▲2万円

（業者が示したシミュレーション部分／自分で計算した部分）

確かに、8年目以降は所得税と住民税の影響が大きくなりキャッシュフローはマイナスとなっています。年度が進むとマイナスが増える理由は、支払利息が減るからです。一般的にローン返済が進むほど、その返済額に占める支払利息部分が少なくなります。損金算入できる支払利息が小さくなるほど課税所得が増えますので、結果として所得税が増えるということになります。なお、このK課長の例では税引後キャッシュフローが20年目で▲11万円、30年目には▲22万円となります。

　住民税や所得税を加味していないシミュレーションでは毎月の支払はすべて家賃でまかなえるはずでしたが、現実は逆ザヤになってしまいました。35年後には実質タダで資産を手に入れるというK課長のもくろみは、購入前から破綻する計画だったのです。

　K課長の過ちをくり返さないためにも、不動産投資という超長期に渡る収支見通しについては必ず所得税と住民税を加味したシミュレーションを用いなければならないのです。

取るべきアクション

- 会社の同僚等、知合いが紹介してくれたからといって、無根拠に信用しないこと。
- 「実質タダ」という言葉を聞いたら疑って、税引後キャッシュフローの計算を税理士に依頼してみましょう。

4. 金融機関は地主の事業計画に優しい

金融機関
借地の物件でも再建築不可の物件でもご融資いたします。

税理士
とにかくバンバン融資してもらって、相続税評価を下げましょう！

地主
再建築不可の物件なら利回りが高いからよい…って本当に？？？

1 地主は優遇されているが…

　地主以外のサラリーマン不動産投資家が再建築不可や借地の物件を購入するときに、困るのが融資の問題です。借地は物件価格の3割程度の融資しか出ませんし、再建築不可に至っては融資を出してもらうことはできません。

　ところが、これが地主だと話は異なります。

　地主のメインバンクは、事業者にとって非常に敷居の高い都市銀行や第一地銀ばかりです。そんな金融機関がこと地主に対しては、借地であろうと再建築不可であろうと融資をしてくれるのです。全くもって青天の霹靂です。サラリーマン不動産投資家が借地や再建築不可の物件に融資をつけられないのに対し、地主は融資をつけることができるのです。地主の多くは、金融機関とはそういうものだと思っています。地主とサラリーマン不動産投資家では、金融機関というものの認識が異なります。

　サラリーマン不動産投資家は、金融機関はいくらお願いしてもなかなか融資をしてくれないという認識です。それに対して地主は、金融機関は融

資させてくださいとむこうからお願いしてくるという認識です。

　この認識の差が、地主を陥れる罠を生み出します。

　サラリーマン不動産投資家に金融機関がなかなか融資してくれないのは、その方が資産を所有していないからです。金融機関は投資計画の内容やその物件の担保評価を精査し、十分に利すると判断したときのみ融資をします。そのため、担保評価が低い借地や再建築不可の物件を用いた投資に対しては融資しないのです。

　それに対し、地主は多くの資産を所有しています。金融機関は、地主が代々所有している土地を売れば融資を回収できることを知っています。

　だからこそ、地主が行うのであれば、担保評価の出ない借地や再建築不可の物件を用いた投資でも融資を出すのです。決して、借地や再建築不可の物件の利回りが高く、事業計画が優れているから融資を出してくれているわけではないのです。この金融機関の融資基準を正しく理解しなければ、地主といえどもいずれは没落の一途をたどることになります。

2　次世代大家が持つべき正しい金融機関観とは

　二束三文の土地による不動産投資やずさんな事業計画に基づく融資をくり返し行えば、どんな資産家でもいずれは融資額の限界にたどり着きます。融資額の限界とは、その地主の保有する土地の担保評価に匹敵する借金を背負っていることを指します。

　そうなってからでは、もう遅いのです。なんらかの環境変化で追加融資が必要になっても、金融機関はサラリーマン不動産投資家と同様の基準でその地主を評価するようになります。つまり追加融資は受けられなくなり、先祖伝来の土地を売却することになるのです。

　そうならないために、次世代大家は金融機関に対する認識を新たにする必要があります。そのためには、金融機関の融資基準を正しく理解しなくてはなりません。

　金融機関は、あなたの事業計画を認めて融資してくれるわけではありま

せん。彼らはあなたの資産を厳密に評価して融資してくれているのです。金融機関は、あなたの人格を信頼してお金を貸してくれるわけではありません。あなたの資産を冷静に計算してお金を貸してくれているのです。

　金融機関があなたの人格を信頼してお金を貸してくれるわけではないのと同様に、あなたも金融機関担当者の人格だけを信頼してお金を借りてはいけないのです。

　そのことを、ゆめゆめ忘れないでください。つかず離れず決して心を許さず、適度な距離感を保って金融機関とは付き合ってください。

💡 大家さん革命

- 地主は金融機関に甘やかされていることを正しく認識しましょう。
- 金融機関とつかず離れず心を許さず、距離感をもって付き合いましょう。

負動産にしないために知っておくべき節税対策

1. 不動産購入にかかる諸費用等は、資産に計上すべき？ 費用に計上すべき？

不動産購入の諸費用は、資産計上するものと費用計上するものがあります。

費用化できるものはできるだけ費用にしたほうがよいのかな？

　不動産購入時の諸費用はどのように税務処理すればよいのでしょうか？

　不動産を購入するときには、ローン手数料、仲介手数料、火災保険、登録免許税、取得税等様々な不随費用が発生します。

　例えば仲介手数料は、物件価格の3％になりますので、1億円の物件の場合300万円もかかります。これが費用として計上できるのであれば、税務上非常に有利になります。逆に業績の悪い期には費用化せず資産として計上したいというニーズもありますので、税務上の処理を選ぶことができれば大助かりとなります。

　税務上、何が認められ、どのように計上すべきか見てみましょう。

1　個人大家の場合

　・ローン事務手数料 ➡ 費用計上
　・仲介手数料 ➡ 資産計上

- 火災保険料 ➡ 費用計上（来年以降の分は前払保険料として資産計上）
- 登録免許税 ➡ 費用計上
- 不動産取得税 ➡ 費用計上
- 未清算の固定資産税 ➡ 資産計上（売買時に支払う固定資産税の日割清算金）

(所得税法基本通達37-5)

　この通達を見ると、資産にするか費用にするかは、選択の余地はありません。しかし実務上、上記の「登録免許税」と「不動産取得税」は、いったん資産計上した後に次年度以降も続く経費（減価償却費）として処理しても、税務署からまず指摘されないです。

　なぜなら、税務署はそれを指摘するとその年の税金が下がるので、あえてそのような指摘をしないからです。

　一般的にいって給与が年収700万円以上の方は全てその年度に費用化するのが有利です。年収700万円未満の人はいったん資産化してから費用化（減価償却）するのが有利です。

2　法人の場合

　建物・建物付属設備等に関する付随費用は、原則として資産計上です。ただし、次のものは資産計上せずに費用処理できます。

① 不動産取得税
② 新増設に伴う事業所税
③ 登録免許税その他登記や登録のために要する費用

(法令54、法人税法基本通達7-3-1の2、7-3-2、7-3-3の2)

　中小企業であればそもそも税率が22～37％程度かかるため、その年の決算を黒字化したい等の特殊な理由がない限り、極力費用化し今期の節税に用いたほうがよいです。

　もちろん、年収にかかわらず、手元資金を少しでも増やすということに重きを置くサラリーマン不動産投資家なら、費用化を前提にした処理をするのもよいです。

「税の知恵」を味方につけて、実りある不動産投資を進めましょう。

取るべきアクション

法人ならすべて費用、サラリーマンなら給与年収700万円以上の場合は費用にすること。

2. 減価償却を大きくする方法は?

業者　業者からの購入であれば消費税がかかるため建物の価格がはっきりしていますが、個人売買の場合、土地と建物の価格は明示せずに契約書を作成するため、建物価格は税理士に確認してください。

税理士　不動産を購入した際の土地と建物の価格は固定資産税評価額に基づいて按分計算します。

投資家　しゃくし定規に決めず、毎年の減価償却費を高めるためにできることは何かないの?

　これから、とある投資物件を購入しようとしているとします。その物件は、土地建物合計で1億円の金額です。
　税務上不利にならないために気をつけておくべきことはあるのでしょうか?

この場合、不動産業者に頼んで、売買契約書に土地・建物だけでなく「建物付属設備」の金額の内訳を入れてもらいましょう。
　この事例は、過去実際にあった話をもとにしています（国税不服審判所（平成12年12月28日裁決））。
　ある人が土地と建物の内訳が明示されていない物件を購入しました。その人は申告時に、これらに加えて「建物附属設備もある」と考え、その物件を「土地」と「建物」と「建物附属設備」に按分して申告しました。
　「建物の耐用年数　＞　建物附属設備の耐用年数」なので、建物附属設備に分けた分だけ減価償却費が大きくなり、税務上有利になります。
　これが税務調査で問題となり、税務署は「売買契約書で分けられていないので、建物附属設備を別建てにすることはできない」と更正しました[※1]。
　そして、これが国税不服審判所[※2]で争われ、下記の判断となりました。

・マンションの場合、建物と建物附属設備の減価償却費は別々の耐用年数により計算する必要がある。
・建物と建物附属設備の内訳が売買契約書で区分されている場合は（その計算が不合理でなければ）その内訳による（当然、不合理でない前提）。
・これが区分されていない場合は何らかの合理的な方法により、建物と建物附属設備に区分計算する必要がある。
・同業他社の物件から見積もった割合を使って按分計算することも合理的な計算方法として認められる（なお、このケースでは工事請負契約書があったので、見積り計算ではなく実額計算（実際の金額）をベースにして按分計算すべきである、と判断されました）。

※1　国税側が納税額等を決めて通知する処分
※2　国税不服審判所ホームページ（http://www.kfs.go.jp/introduction/index.html）参照

　国税不服審判所の主張は、平たくいうと、「土地建物を一括で買ったなら、計算上「土地」、「建物」、「建物附属設備」に分ける『必要』がある」ということです。

しかしながら、不動産取引実務上、中古物件についてはこのような内訳を作成している業者は皆無といってよいです。

もちろん、自分で手計算することもできますが、手間はかかるし、あげくその計算自体が間違っていたら、税務署に指摘されたうえ、追徴課税が発生して「泣きっ面にハチ」です。

なので、くどいようですが業者にお願いして、付帯設備の金額を分けて記載してもらってください。

この話は、所得税（個人）、法人税（法人）共通です。

なお、定率法で建物付属設備を償却することは法人個人ともに、平成28年税制改正で不可能になりましたのでご注意ください。

取るべきアクション

物件を購入する前に、建物付属設備の金額を明らかにしておくことが必要です！

3. 建物比率を高めるための「いくつかの試算方法」とは?

業者
契約書上の建物金額を高く設定すれば、減価償却費を多く取ることができます。

税理士
いくつか試算したうえで最も有利な方法を使いましょう。

投資家
実際のところ、どれくらい建物比率を高めることができるのかな？

建物価格を増やすために、契約書に建物価格を高めに記載する場合、極端な話では、9割建物価格ということも可能なのでしょうか？　正直、どこまで建物価格にしてよいのかの線引きが気になるところでしょう。

まず、税務上は、売買契約の価格をそのまま用います。なので、建物価格をできるだけ大きく取れるように無理なく価格設定できるかがポイントになります。

その計算方法の範囲内であれば極端な話、9割が建物価格になることもあり得ます。

税法には、購入した土地・建物の価格が一括で支払われた場合の、具体的な土地と建物の価格案分方法は定義されていません。私見ですが税法上定義されていないものには「納税者有利が働く」と解釈でき、いくつかある方法から最も納税者に有利な方法を選択してよいと考えます。

ここではそのなかから、①税評価額、②「総額－路線価差引法」、③建物標準価額計算法について説明します。

1　評価額

税評価額は、土地の固定資産税評価額と建物の固定資産税評価額を用いて、取引総額を按分する方法であり、価格設定の自由度はそれほど高くありません。

2　「総額－路線価差引法」

「総額－路線価差引法」は路線価に基づく土地価格や近隣の不動産業者へのヒアリングに基づき算出した土地価格を取引総額より差引することで建物価格を定義する方法です。

> **計算式**
>
> 土地建物総額－路線価評価額（画地補正後）×1.25（もしくは不動産業者ヒアリング額等）

土地の価格は評価方法によって様々に変化します。特に旗竿地等、正方形ではない不整形地は、画地補正により土地価格が減額されることもあります。

3　建物標準価額計算法

　この「建物標準価額計算法」とは、本来、所有していた建物の売却をしたが、そもそもいくらで建てたのかがわからない場合に売り主が使う計算方法です。

　それを、建物を買った側で準用しようとするのがこの方法です。

　買った建物の建築年月日と床面積、建物構造を登記簿謄本等から把握し、これに、「譲渡所得の申告のしかた（記載例）：国税庁」にある「建物の標準的な建築価額表」を用いて計算します。この価額表で求めた建物の残価を、全体の土地・建物の合計額から差し引いて、土地の金額を求めます。

　このように、土地・建物価格は複数の評価法を試算し、その試算結果のなかから最も納税者有利になる価格を選定することができるのです。

図表：建物価格の算出方法

	① 固定資産税評価額按分法	② 総額−路線価差引法	③ 建物標準価額計算法
算出方法	土地の固定資産税評価額と建物の固定資産税評価額を用いて、取引総額を按分する方法	路線価や不動産業者へのヒアリングで算出した土地価格を総額より差引する方法	「建物の標準的な建築価額表」を参照し、当該建物の価格を算出する方法
計算式	売買価格 × 建物固定資産税評価額 /（建物固定資産税評価額＋土地固定資産税評価額）	売買価格 −（土地路線価評価額 × 1.25） or 売買価格 − 土地評価額（ヒアリング調査等）	建物延床面積 × 建物の標準的な建築価額
特徴	・算出方法がわかりやすい ・算出に手間がかからない	・自由度が高い ・算出のための調査に手間がかかる	・算出に手間がかからない

図表：建物の標準的な建築価額表（千円／平米）

	木造・木骨モルタル	鉄骨鉄筋コンクリート	鉄筋コンクリート	鉄骨
昭和46年	31.2	61.2	47.2	30.3
昭和47年	34.2	61.6	50.2	32.4
昭和48年	45.3	77.6	64.3	42.2
昭和49年	61.8	113.0	90.1	55.7
昭和50年	67.7	126.4	97.4	60.5
昭和51年	70.3	114.6	98.2	62.1
昭和52年	74.1	121.8	102.0	65.3
昭和53年	77.9	122.4	105.9	70.1
昭和54年	82.5	128.9	114.3	75.4
昭和55年	92.5	149.4	129.7	84.1
昭和56年	98.3	161.8	138.7	91.7
昭和57年	101.3	170.9	143.0	93.9
昭和58年	102.2	168.0	143.8	94.3
昭和59年	102.8	161.2	141.7	95.3
昭和60年	104.2	172.2	144.5	96.9
昭和61年	106.2	181.9	149.5	102.6
昭和62年	110.0	191.8	156.6	108.4
昭和63年	116.5	203.6	175.0	117.3
平成元年	123.1	237.3	193.3	128.4
平成2年	131.7	286.7	222.9	147.4
平成3年	137.6	329.8	246.8	158.7
平成4年	143.5	333.7	245.6	162.4
平成5年	150.9	300.3	227.5	159.2
平成6年	156.6	262.9	212.8	148.4
平成7年	158.3	228.8	199.0	143.2
平成8年	161.0	229.7	198.0	143.6
平成9年	160.5	223.0	201.0	141.0
平成10年	158.6	225.6	203.8	138.7
平成11年	159.3	220.9	197.9	139.4
平成12年	159.0	204.3	182.6	132.3
平成13年	157.2	186.1	177.8	136.4
平成14年	153.6	195.2	180.5	135.0
平成15年	152.7	187.3	179.5	131.4
平成16年	152.1	190.1	176.1	130.6
平成17年	151.9	185.7	171.5	132.8
平成18年	152.9	170.5	178.6	133.7
平成19年	153.6	182.5	185.8	135.6
平成20年	156.0	229.1	206.1	158.3
平成21年	156.6	265.2	219.0	169.5
平成22年	156.5	226.4	205.9	163.0
平成23年	156.8	238.4	197.0	158.9
平成24年	157.6	223.3	193.9	155.6
平成25年	159.9	258.5	203.8	164.3
平成26年	163.0	276.2	228.0	176.4
平成27年	165.4	262.2	240.2	197.3

出典：国税庁ホームページ「平成29年分譲渡所得の申告のしかた（記載例）」

最後にそもそもの考え方として、土地建物の金額が分かれていない場合の税務署のスタンスを一言でいうと、「まずは納税者自身が自主的に計算してください。その後、目に余る問題があれば、是正します」というものです。

ですから、税務署に聞いても「近所の不動産業者で土地の相場価格を聞いてみてください」、「固定資産税案分で計算したらどうですか」という回答しか返ってこないでしょう。

逆にいえば、ここには例示していない方法でも、通る可能性もありうるのです（もちろん、無理のない計算方法であることが大前提です）。

💡 大家さん革命

土地・建物比率の算出は無理なく「納税者有利」を働かせましょう。

4. その人に適した償却年数を出すには？

税理士
木造の中古物件であれば、最速で4年で償却することができます。

投資家
4年で償却して税金還付を最大限もらうのがよいのか、もう少し長く償却期間をとったほうがよいのか…？

耐用年数22年を超えた木造の物件は、4年で償却できる、と聞いたことがあるかもしれません。では、4年で償却すると何がよいのでしょうか？ 逆に、4年ではなく10年や15年等で償却することも可能なのでしょうか？

耐用年数を超えた木造の物件を4年で償却することの最大のメリットは、短期間に高額な費用を計上できることにあります。

　中古建物があと何年使えるかなんて、誰にもわからないのが実情です。

　したがって、実務上は築年数に基づき計算する簡便法といわれる方法をとることがほとんどとなります。その簡便法に基づくと、耐用年数を超えた木造アパートは4年で償却することができます。

　しかし、通常使用において、簡便法で算出した耐用年数よりも明らかに長い期間使えると見込まれる建物等は、自分で見積もった年数を用いて減価償却してもよいのです。自分で見積もることが難しいなら、業者に聞いても大丈夫です。極端なことをいえば、新品と同じ耐用年数を使っても問題はないでしょう。

　簡便法よりも長い耐用年数を採用した場合は、課税実務上、税務署もそれを咎めません。簡便法よりも長い耐用年数を採用すると、その年の課税額が大きくなるので、咎める理由がないからです。

　例えば、年収が高く所得税率が40％もあるような方は税金の還付額も大きいため、できるだけ大きな減価償却を短期間に計上するほうがよいでしょう。

　一方、今は年収400万円しかない方の所得税率は10％で、還付額は少ないので、将来、物件をたくさん購入して家賃収入が増えるまで減価償却をあまりしないでおくほうがよいというそろばんも立ちます。

　なお、ケースによりますが、一度決めた中古資産の耐用年数を後で短くすることは、ほぼできません。最初の耐用年数決定には注意してください。

第 4 章
負動産をつかまないために

図表:税率により得られる還付額の差

・4,000万円の減価償却費を4年で計上する場合

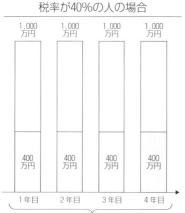

税率が40%の人の場合　　　　　税率が10%の人の場合

最大400万円×4年＝1,600万円の還付　　最大100万円×4年＝400万円の還付

ポイント　同額の減価償却費を計上した場合、税率が高い人のほうが還付額が多い

・4,000万円の減価償却費を10年で計上する場合

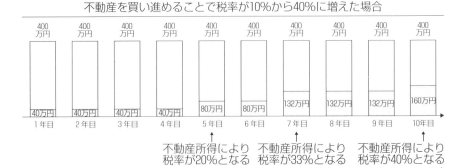

現在の税率が低くとも、将来の税率が上がることを見込み償却年数を長く取ることでトータルとしてより多くの還付を得ることができる

5. 購入時にできるテクニック～知っておきたい消費税還付

消費税還付を行うには、どうすればよいでしょうか？

アパートやマンション等の居住用賃貸建物の消費税還付は、建物建築（購入）する人の状況（個人か法人か、1棟目か2棟目以降か等）によってやり方が全く異なりますが、ここでは、

① 初めて居住用賃貸建物を建築（購入）する（建物価格が税抜で1000万円以上）

② サラリーマン大家（給料以外に収入がない人）

の消費税還付方法を、ざっくりとご説明します。

まず、消費税還付を自ら課税主体となって行うか（個人主体）、新設法人を使って行うかで若干話が変わります。以下、個人主体で初めて大家になる場合から見てみます。

第 4 章
負動産をつかまないために

1 個人の場合

① 物件取得前に「消費税課税事業者選択届出書」という書類を、自宅住所を管轄する税務署に提出します（管轄税務署は、インターネットで簡単に調べられます）。

② 建物の完成（購入）月に、居住用家賃収入（消費税法上、居住用家賃は「非課税収入」といいます）が一切発生しないように契約書で特約を入れ、同月に自販機収入、広告収入、駐車場収入、物品販売収入、コンサルタント収入等を実際に発生させます（課税期間の非課税収入をできるだけゼロにし、課税収入をできるだけ大きくすると、「課税売上割合」が多くなり、還付消費税額は大きくなります）。

　ここで状況に応じて、消費税の課税期間の特例（通常消費税は1年に1回の申告で済むのですが、3か月に1回、または1か月に1回を選択することもできます）を用いて、非課税収入をできるだけゼロに近づける（＝「課税売上割合」を大きくする）ことも検討します。

③ 消費税の還付申告書を提出します。

④ 特に問題がなければ、この段階で消費税は還付されます。

　しかし、話はこれで終わりません。

　実は、この後に恐怖の試練が待っているのです。

　それは、還付申告の年の「課税売上割合」だけでなく、その後3年間（36か月）平均の「課税売上割合」の動きをチェックされることです。そして還付申告の年だけ「課税売上割合」が大きいと認められる場合は、建物購入・完成時に還付された税金を後で払い戻してもらう、という決まりになっているのです（＝消費税ではこれらを「調整計算」といいます）。

　なので、「調整計算」に引っかかることを避けるべく、

⑤ 還付申告年を含めて、3年間（36か月間）の課税売上割合の動きをコントロールして、課税売上を合法的に計上、調整計算にかからないように

します。

という動きが必要です。

この調整計算回避の方法として、現在よく行われているのが、「金地金(きんじがね)の売買」です。

これは金の地金を3年間売買し続け、課税売上を計上するというものです。毎年の家賃収入よりも若干多めの金額の地金売買を繰り返すのです。そうすることで非課税売上（家賃）よりも課税売上（地金）のほうが大きくなり、調整計算にかからないようになるのです。

※36か月平均の課税売上割合が50％以上かつ、その変動幅が5％以内の要件を満たす

しかし、個人で金地金の取引を課税売上として計上することには、ある種の税務リスクがあります。それは、金地金の取引そのものが、消費税法上の「事業」に該当するかどうかについて、まだ、国税当局及び裁判所の考えが出ていないのです。

今のところは法律上の問題はなさそうですが、いつ取扱いが変わるか不明です。取扱いがいきなり変わって、金地金の売買は課税売上にならないと認定された場合には、この「課税売上割合」はゼロとなります。

その場合は、調整計算に引っかかり、還付消費税がゼロになるリスクがあると考えます（もちろんですが、そうならないことを願っています）。

2　新規法人設立の場合

新規法人の手続も個人の場合と同じですが、法人設立時（初年度）に「消費税課税事業者選択届出書」を提出するのがポイントです。

法人が行う通常物品・サービスの売買は、基本、課税取引と解釈されるので、法人にて金地金の取引をおこなっても、上記税務リスクは存在しません。

ちなみに2棟目も消費税還付を狙う場合は、1棟目と同じ課税主体で還付申告すると、課税売上割合をコントロールすることが難しいので、別の課税主体（2棟目のための新規法人）を設立して1棟目と同じことを行うほ

うが、税務リスクは少ないです。

取るべきアクション

- サラリーマン大家の消費税還付は新規法人を設立して行いましょう。
- 36か月間、調整計算にひっかからないように注意しましょう。
- 法人の新設は最速でも2〜3週間かかるので、事前に準備しておきましょう。

図表：消費税還付までのチャート

→ 消費税還付は新規事業開始時以外は実施が困難なため、新設法人を用いるほうが好ましい。

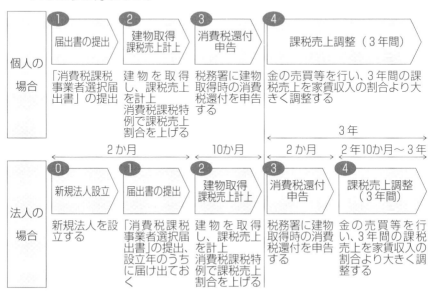

第 **5** 章

失敗しない
不動産経営

法人がよいの?
個人がよいの?

1. 不動産所有法人って、そもそも何?

　不動産所有法人や大家法人とは、どんな種類があって、具体的にどういうものなのでしょう?

　不動産所有法人とは、読んで字のごとく、不動産を所有する法人のことです。

　一般的には、株式会社や合同会社等を設立し、その会社名義で不動産を購入運用します。なお上記以外にも、合名会社、合資会社がありますが一般的ではないため、ここでは不動産所有法人として株式会社や合同会社を用いるものとして説明します。

　個人で不動産を所有するのではなく、不動産所有法人で所有することにより様々な税務上のメリットを享受することができます。

　ただし、株式会社も合同会社もそれぞれ設立にはコストがかかります。

　株式会社の設立は定款の認証費用として5万円、印紙税4万円、登録免許税15万円の合計24万円がかかるのに対し、合同会社は印紙税4万円と登録免許税6万円の合計10万円で設立できます。どちらも資本金は1円以上で代表者一人から設立できます。

　下記では、合同会社と株式会社の特徴、設立コスト及び年間の運営費用(ランニングコスト)を図表にしました。

図表：株式会社・合同会社の特徴と設立コスト・ランニングコストまとめ

		株式会社	合同会社
特徴	出資者	1人以上	
	出資金	1円以上	
	決算公告	必要	不要
	役員任期	10年（変更登記に手間がかかる）	なし（変更登記の手間がはぶける）
	認知度	社会的な認知が高い	社会的な認知が低い
設立コスト	定款認証	5万円	0円
	印紙代	4万円	
	登録免許税	15万円	6万円
ランニングコスト	税理士費用	10～20万円（1人会社の場合）	
	法人住民税	7万円～	
	変更登記	1万円～（住所、役員変更等）	

　ランニングコストは合同会社と株式会社でほぼ変わりませんが、設立コストについては合同会社のほうが安くなります。

　株式会社は社会的な認知度が高いものの、設立コストも高くなりますし、毎年の決算公告（決算の発表）及び10年に一度の役員任期満了に伴う変更登記の手間とコストがかかります。

　特に社会的認知度を必要としない不動産所有会社（大家法人）については、合同会社にて設立したほうがよりリーズナブルといえます。

2. 不動産所有法人のメリットって何？

　不動産所有法人のメリットとデメリットには、どのようなものがあるのでしょう？

1 メリット

大きく分けて、次の四つのメリットが挙げられます。

① 法人のほうが税率が低い

　平成30年度の普通法人（資本金1億円以下）の実効税率（法人税・法人住民税・法人事業税）は下記のとおりです。

所得金額400万円以下	21.42%
所得金額400万円超〜800万円以下	23.20%
所得金額800万円超	33.58%

　課税所得が500万円を超えると、個人の実効税率（所得税、住民税、個人事業税）が法人の実効税率を超えるため、法人のほうが有利となります。

② 法人なら所得分散ができる

　法人の場合、自分や家族を役員にすることができます。人数は何人でも問題ありません。そして、法人は役員に役員報酬を支払うことができます。

　例えば、自分や妻、子供や親等なるべくたくさんの人を役員にすることで、役員報酬をたくさんの人に支払うことができ、会社の利益を減らして、それを家族役員に移転することができます。

　役員報酬の場合、もらった金額に対してまるまる税金がかかるわけではありません。というのも役員報酬には給与所得控除があるからです。

　そのため、もらった人の所得税負担を低く抑えることができ、会社の利益も減らすことができるのです。

③ 法人のほうが経費の幅が広い

　法人の場合、個人に比べて認められる経費の範囲が増えます。特に活用できるものは次の三つです。

（1）生命保険

個人の場合、所得控除は最大 12 万円までですが、法人の場合は全額損金になります（保険の種類にもよります）。

（2）役員日当

会社で出張旅費規定を作成すれば、一定要件のもとで役員日当を損金算入することができます。しかも、もらった役員はその日当に課税されません。

（3）役員退職金

会社で退職金規定を作成すれば、役員退職金を支払うことができます。もらった個人は退職所得として、退職所得控除が使えるため税負担が軽くなります。

④ 法人にすると青色欠損金の繰越年数が伸びる

法人も個人も青色申告をしているときに、法人であれば 10 年間もの長期にわたり赤字を繰越できます。それに対し個人大家の場合は純損失（赤字）を 3 年間しか繰越できないのです。

1
法人がよいの？ 個人がよいの？

図表：法人のメリットまとめ

①	税率が安い		課税所得が500万円を超えると、個人の実効税率（所得税、住民税、個人事業税）が法人の実効税率を超えるため、法人のほうが有利
②	所得分散ができる		役員報酬で会社の利益を減らして、家族役員に移転できる もらった役員報酬は給与所得控除がつかえ税金を減らせる
③	経費の幅が広い	(1) 生命保険	個人の場合は最大12万円の所得控除だが、法人の場合は全額損金になる
		(2) 役員日当	出張旅費規定を作成すれば、役員日当を損金算入できる もらった役員はその日当に課税されない
		(3) 役員退職金	退職金規程を作成すれば、役員退職金を支払うことができる もらった個人は退職所得として、退職所得控除が使える
④	青色欠損金の繰越年数		個人大家は純損失（赤字）を3年間しか繰越せない 法人であれば赤字を10年間繰越しできる

2 デメリット

　法人のデメリットは、ずばり「ランニングコスト」がかかるということです。特に大きなものは次の三つです。

① 赤字でも「均等割」がかかる

　　個人事業では赤字の場合、税金は0（ゼロ）になります。しかし、法人の場合たとえ赤字でも法人住民税がかかります。これを「均等割」といいます。この均等割は、最低7万円となります。

② 専門家への依頼報酬がかかる

　　個人大家の場合、自分で確定申告する人もいますが、法人の場合は難易度が高いため税理士に依頼するのが一般的です。そのため依頼報酬がかかります。それ以外にも役員登記費用等、専門家への依頼が必要となりその都度報酬を支払うことになります。

③ 社会保険への加入が強制される

　個人大家の場合、常時雇用人数が5人以下であれば社会保険への加入義務はありません。しかし、法人の場合は役員1人から社会保険への加入が義務付けられています。

3. 個人にとって青色申告は有利なのか

1　断然お得な青色申告

　申告そのものは、所得がある以上、誰でも行わなくてはなりません。

　そのやり方に、白色申告と青色申告があるというのは不動産投資をしていればご存知かとは思います。しかし、そのメリットについて正しく理解している方は少ないかもしれません。

　白色申告についていえば、税務上のメリットはほとんどないといえます。

　白色申告も平成26年から、帳簿の作成と保存の義務が課されたため、以前のように簿記がわからないから記帳しなくてよいから楽ということはなくなっています。

　そのため現在では、どうせ帳簿を作成しなくてはいけないのですから青色申告にして税務上のメリットを享受したほうがよいのです。

　青色申告の場合は、例えば青色申告特別控除（65万円、55万円、10万円）や、青色専従者への給与支払、資産損失の全額必要経費計上等の税務上、純損失の繰越・繰戻等のメリットが使えます。

2　不動産の規模と青色申告

　「事業的規模にならないと青色申告はできないのでしょうか」という質問をしばしば受けることがあります。

　事業的規模と青色申告をするかどうかは無関係です。

そもそも不動産賃貸業における事業的規模とは、不動産の貸付が事業として行われているかは、実質的に判断するといわれています。

　実務上は、形式基準として戸建は5棟以上、貸間・アパートは10室以上

で該当するといわれています。これが俗にいう5棟10室基準です。

この「5棟10室を満たさないと、青色申告できない」とお考えの方がいるのですが、それはよくある勘違いです。極端なことをいえば、マンションの1室から青色申告はできます。ただし、青色申告特別控除の金額は事業的規模か否かで異なってくるのです。

3　青色申告特別控除の金額

青色申告特別控除は、帳簿作成が大変なので、頑張って帳簿を作成した人に対して税金を少し安くしますよというボーナス制度です。もともとは、帳簿を作成しない人が多く税務申告があいまいになっていた時代に、帳簿作成を普及させるために制定されたものです。

白色申告だと特典はないけれど、青色申告をすれば最大65万円も所得を控除してもらえるということで、今では多くの人が青色申告をしています。ただし、青色申告特別控除は不動産を所有する規模（事業的規模か否か）と、記帳が電子化されているか紙ベースかによって金額が異なります。

まず、事業的規模ではない場合（これを業務的規模と呼びます）は、最大10万円しか控除されません。それに対し、事業的規模であれば最大65万円です。この最大65万円をゲットするためには、事業的規模かつ帳簿と申告がパソコンで行われている（電子化されている）必要があります。

※青色申告は事前に「青色申告をします」と届出をする必要がありますのでご注意ください。
　・新規事業：事業開始から2か月以内に届け出れば、当年（暦年）から青色申告できる
　・既存事業：その年の3月15日までに届け出れば、当年（暦年）から青色申告できる

図表：「青色・白色」×「事業的規模・業務的規模」メリットまとめ

	事業的規模	業務的規模
青色申告	・青色申告特別控除（65万円） ・青色専従者への給与支払 ・資産損失の全額必要経費計上 ・純損失の繰越・繰戻	・青色申告特別控除（10万円） ・純損失の繰越・繰戻
白色申告	・専従者控除 ・資産損失の全額必要経費計上	なし

 白色申告のメリットはない、基本的には青色にすべきです

4.「1物件1法人1銀行スキーム」って何？ デメリットはないの？

　近年、急激に規模を拡大させている投資家が行っている投資手法のなかに「1物件1法人1銀行スキーム」というものがあります。

　これは一つの物件を買うために新しい法人を設立し、その新設法人で金融機関から融資を受け、次の物件を購入するときには、また別の法人を新設し、別の金融機関から融資を受けるというやり方です。

　図示すると下記のようになります。

1
法人がよいの？ 個人がよいの？

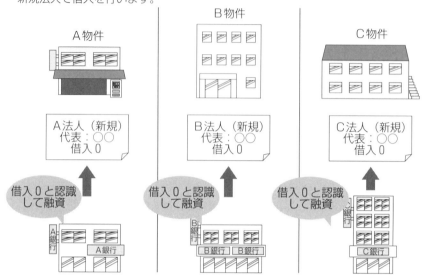

図表：絶対にやってはいけない1物件1法人1銀行スキーム

・すべて同じ代表○○所有の法人ですが、他の法人の存在を意図的に隠し、借入0（ゼロ）の新規法人で借入を行います。

意図的に他法人の存在を隠し借入を行うことは、絶対にやってはいけません

　ある人が法人の代表者として、以下のようにA、B、Cの法人を設立したとします。

・A物件→A法人→A銀行（1億円融資）
・B物件→B法人→B銀行（1億円融資）
・C物件→C法人→C銀行（1億円融資）

※A銀行、B銀行、C銀行はそれぞれ、融資した法人の存在しか知らされていない。

　個人で融資を受ける際には、その人の与信枠の限界までしか融資をしてもらえないので、急激な規模の拡大は難しいのですが、この方法だと与信枠の限界を超えて融資をしてもらえると一部で噂されています。

　これは金融機関の認識を欺くやり方で、A銀行はB法人やC法人の存在

を知らず、融資総額は自行がA法人に行った1億円のみだと認識するというものです。

B銀行もC銀行も同様に、自分のところが最初の（無借金の）法人に貸付を行っているという認識で融資をするため、連続で融資を受けることができ急速に規模を拡大できるというロジックです。

このスキームで、急拡大している人がいるのは確かです。しかし、このやり方には非常に大きな問題とリスクがあります。

このやり方の最大の問題点は、ずばり「金融機関に不義理である」ということです。

通常、借入を行う際、金融機関に現在の資産状況を報告することが求められるのですが、このやり方は、自身が保有する他の法人のことを故意に報告しないという問題があります。金融機関は、当然、その代表が所有する他の法人の借入や収益も勘案して融資を決定するわけですから、故意に黙っているのは報告義務違反となります。

そしてこの方法の最大のリスクは、金融機関の与信審査によって他法人の借入が発覚した際に、全額即時返済を求められるということにあります。

上場企業や金融機関では与信審査の際に、帝国データバンクや東京商工リサーチ、その他中小の企業データベースを用いることができます。そのデータベースには、登記簿に記載されている法人名やその代表者名がもれなく記載されています。当然、代表者が所有する法人や関連する法人は簡単に調べ上げることができます。

現時点で「1物件1法人1銀行のスキーム」がうまくいっているというのは、金融機関が本気で調べていないか、もしくはあえて泳がされているということが考えられます。金融庁の指導に基づいて金融機関が融資先を再精査したら、いつでも追求されてしまう可能性があります。「1物件1法人1銀行のスキーム」で物件を取得している人は、いつ爆発するかわからない爆弾を抱えているといえるのです。

なお、「1物件1法人1銀行のスキーム」を行うと確定申告をしてくれる税理士を探すのも大変になります。というのも、各金融機関に対し不義理であるうえに、各法人の申告と個人の申告に矛盾がないように処理をするのはとても困難なことだからです。

困難かつ金融機関に不義理を働かなくてはならないとなると、まともな税理士は動かないでしょう。

まともな税理士とパートナーになれないという点でも、「1物件1法人1銀行のスキーム」は行うべきではない投資法なのです。

5. 無返(むへん)を忘れて、さぁ大変！

法人で不動産経営を行う場合に、気をつけることがあります。

法人で不動産経営を行う場合、個人所有の土地の上に自分で設立した法人のマンションを建設するというケースが多く見られます。そのような場合、税務上必ず押さえておくべきものが二つあります。

それは、「相当の地代」と「土地の無償返還の届出書」（以下、略して「無返(むへん)」といいます）。

1　恐い「権利金課税」

個人所有の土地の上に、地主所有の法人が建物を建てて賃貸する場合は、「無返」を税務署に提出するか、「相当の地代」を個人地主に払っておかないと、稀にですが、法人に多額の「権利金課税」が行われることがあります（「相当の地代」と「無返」の詳細は後述します。いまは、とりあえずわからないままでよいので、読み進めてください）。

通常、他人同士で、建物の用地に使うための土地を賃借した場合は、「土地を使用する権利」を取得したとして、借主は貸主に権利金を支払います。そして、この権利金をもらった貸主は所得税等を支払い、支払った側の借主は権利金相当額を貸借対照表上、資産として計上します。

権利金の支払が発生するのは、土地はいったん貸すと返してもらうこと

は難しいので、その分借り手が貸し手に占有する代償を払うという前提に立っているからです。問題なのは、権利金のやりとりなしで、社長個人の土地を社長が所有する会社法人に賃貸していた場合です。

このような場合、双方ともいわば身内同士ですから、当然、権利金の授受はありません。しかし、上記のとおり、「相当の地代」の支払がなく、「無返」の提出もなされていない場合は、税務署に見つかると、借り手の法人に権利金課税がなされます。

権利金課税を回避するための方法は二つです。

一つ目は、「相当の地代」を自分の会社からもらうこと。

「相当の地代」は税務上の概念で、「貸している土地の時価の6％」の年額地代のことです。相当の地代のなかに、権利金の支払が含まれていると解釈され、権利金課税は行われません。しかしながら、土地の時価の6％もの地代は高すぎて、実務上相当の地代を支払う契約はほとんどありません。

2　紙一枚で税務リスクを回避する方法

そこで、二つ目の方法として、土地の貸借時に権利金の授受をしない場合は、必ず「無返」を税務署に出すというものがあります（実は、権利金課税を回避する方法は、この「無返」提出のほうがポピュラーです）。

「無返」とは、「土地の貸し借りが終了したら、この土地はタダ（無償）で返還するので、権利金課税をしないでください」という届出書です。これを提出し、地代を固定資産税の2～3倍程度の水準にしておけば課税されることはありません。「無返」を出しておけば、先ほど見た「相当の地代」まで実際の地代が高くなくとも、課税上問題はありません。

また、権利金課税は本来、土地の賃貸借を開始したタイミングで行われるのですが、土地の所有者が存命のときは特に指摘されず、地主個人の相続のタイミングに同時に指摘されることが多くあります。

現時点では問題が顕在化していないからといってそのまま放置せず、できるだけ早いうちに無返の届出を行っておく必要があるのです。

💡 取るべきアクション

先祖伝来の地主は親の代からすでに無返が届けられているか確認しましょう。

不動産経営で知っておくべき税務知識

1. ポルシェも経費につけられるの？

「自家用車を100％経費にするには、どうすればよいでしょうか？」

とても多くの方々からこのような質問を受けます。個人大家（地主、サラリーマン不動産投資家）の自家用車の場合、減価償却費を家事使用分と事業使用分に按分します。

厳密に按分するのであれば、走行記録をつけて走行距離によって按分しなければなりません。しかし、そこまでするのが大変であれば、単純に不動産事業で使う割合をざっくりと出して、按分するのでもよいでしょう。

もし自家用車を100％経費にしたいのであれば、100％事業用として使用しなくてはなりません。

当然、自家用車としての使用はできないので、自家用で使うための車をもう1台購入する必要が出てきます。

なお中古の普通自動車については、5年落ちの中古車であれば、定率法という償却方法を税務署に届け出れば1年（届け出ない場合でも2年）で全額の償却が可能となりますので、経費を増やしたい年に購入するのがよいでしょう。

「事業として使う車は、4ドアでないといけない」と思われている方もいるようですが、それは勘違いです。事業に供する車両は、2ドアでも4ドアでも問題ありません。極論すれば、ポルシェでも事業に使っていれば減価償却することができるのです。

なお、個人大家の償却方法として、定率法は税務署に届け出るだけで、適用可能です。計算も申告ソフトが操作できる人であれば、難なくできます。車両の減価償却は、定率法を選択し、届出書を早めに税務署に出すことをおすすめします。

2. 個人事業主はご飯代を経費にできるの？

大家（地主、サラリーマン不動産投資家）の方からの質問で次に多いのが「交際費っていくらまで使えるの？ 会議費と交際費って使い分けはどうすればよいの？」というものです。

1 会議費のポイント

まず、会議費についてですが、会議費は金額の上限はありません。大事なことは会食しながら取引先や事業関係者と「シラフで」打合せすることです。これさえ満たせば、費用になります。

2 交際費の正しい使い方

次に交際費ですが、個人事業主と法人で取扱いが異なります。

まず個人事業主の場合、交際費の税務上の上限はありません。そのため、取引先との会食は、仕事上のものであれば全額必要経費になります。

次に法人の場合です。法人における交際費については、税法で定義がされているので、まずそれについて見てみましょう。

「交際費とは、得意先や仕入れ先その他事業に関係のある者等に対する接待、供応、慰安、贈答これらに類する行為のために支出する費用」をいいます（租税特別措置法61条の4④）。

そして、法人規模によって取扱いが異なります。ここでは、その法人が中小企業（資本金1億円以下）の場合を論じます。

その法人が中小企業（資本金1億円以下）の場合は、交際費は年間800万円までは全額損金として認められます。年間800万円を超える部分は、損金として認められません（平成32年（2020年）3月31日まで）。また、飲

食等のために要する費用で、その飲食等にかかった金額を飲食等に参加した者の数で割って計算した金額が5,000円までのものは、交際費に該当しません（科目名も交際費でなく、会議費等に計上しておくと、下記の限度額計算をするときにわかりやすいです）。

　この制度を使うためには、次の二つの要件が必要です。
① その飲食等が、専らその法人の役員もしくは従業員またはこれらの親族に対する接待等のために行われるものでないこと
② 次の事項を記載した書類を作成していること
・その飲食等の年月日
・参加した得意先、仕入先その他事業に関係のある者等の氏名・名称・参加人数
・飲食等にかかった金額
・飲食店等の名称・所在地
・その他参考となるべき事項

　この制度は、法人にとって非常に有利な制度です。要件を満たしたうえで、賢く節税してください。

　なお、一人あたりの金額が5,000円までの飲食等の費用は、どんな科目で落としても問題ありません。「交際費」としてもよいですし、「会議費」等としてもかまいません。

　会計上の科目は、どんな科目名を用いてもよいので、法人税の計算をするときには、法人税法上の「交際費の限度額計算」（法人税別表15）を作る際に、そこに含めないことが必要です。

　「交際費」科目を用いるのであれば、別表15上で「交際費に該当しないもの」欄にて差し引きます。「交際費」科目を用いない場合は、別表15への記載は特に必要ありません。

　最後に、こぼれ話を一つ挙げます。

　交際費に該当する支出を、交際費以外の勘定科目で処理することを、「他

科目交際費」といいます。「他科目交際費」は、交際費の限度計算に含まれていないことが多いので、税務調査でそこをつつかれると追徴税が課されます。

著者が国税の現場で調査をしていたときは、何も出てこない（問題がない）場合は、調査最終日の午後は目を皿にして他科目交際費を探したものでした。「他科目交際費」は、追徴になったとしても、金額が大きくなることはあまりありません。

しかし、調査官も人の子。手ぶらで税務署に帰ることは何としても避けたいので、私もこのようなことをやっていました。

逆にもし、税務調査がきた場合で、数日たってから調査官が帳簿全体をパラパラとめくり始めたら、それは「他科目交際費」を探していることがほとんどです。調査が、ほぼ終息に向かっているサインと思ってよいでしょう。

3. 土地部分の利息が経費にできないこともある

投資不動産ローンの金利は、必要経費に算入できないことがあります。
実はこれ、法人と個人で取扱いが異なります。

まず、法人であれば基本的に投資不動産ローン金利は全額損金に算入されます。しかし、個人の場合はちょっと違います。具体的には、まず不動産所得が黒字の場合は、土地取得のための借入金利子は全額必要経費に算入できます。

しかし、不動産所得が赤字で、必要経費のなかに土地取得のための借入金利子がある場合は、後述のように借入金利子の一部は、他の所得（給与所得等）と損益通算（その所得の赤字を他の所得と相殺すること）はできません。

1　不動産所得が黒字の場合

不動産所得が黒字の場合は、借入金利子のうち土地取得のための部分の金額は全額必要経費となります。

2　不動産所得が赤字の場合

・借入金利子のうち土地取得のための部分の金額＞不動産所得の赤字の金額の場合

➡赤字の金額（すなわち、不動産所得の赤字のうち、他の所得から差し引ける部分は、ゼロ円としてカウントされる）だけが損益通算の対象となる

　つまり、不動産所得は赤字の場合でも、その赤字の要因が、土地取得のための借入金利子の場合は、その部分は他の所得から差し引けないということになります。

・借入金利子のうち土地取得のための部分の金額≦不動産所得の赤字の金額の場合

➡不動産所得の赤字－借入金利子のうち土地取得のための部分の金額だけが損益通算の対象となる

2
不動産経営で知っておくべき税務知識

図表：個人の場合の土地取得のための借入金利子の損益通算パターン

1　黒字の場合

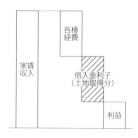

2　赤字の場合

・借入金利子の
（土地取得分）＞赤字額

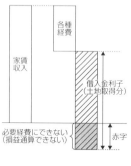

・借入金利子の
（土地取得分）≦赤字額

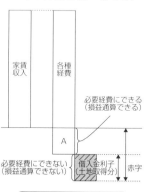

| 黒字の場合は、土地取得分の借入金利子は全額必要経費となる | 赤字額全体より土地取得の借入金利子が大きいため所得0以下の部分は必要経費にできない（給与等他の所得と損益通算できない） | 赤字額全体のうち、土地取得の借入金利子部分は必要経費にできない（Aの部分だけ損益通算できる） |

▨ 借入金利子

【数値例】

次の土地建物を一括で貸付しています。

・建物の取得費用：6,000万円

・土地の取得費用：1.4億円

取得の際の資金は次のとおりです。

・自己資金：5,000万円

・借入金　：1.5億円

今年の不動産所得は次のとおりです。

・収入金額：800万円

・必要経費：1,380万円

（内　借入金利子：480 万円）
・赤字：580 万円

【計算方法】
① 土地に係る借入金利子を算出する。

　土地建物一括借入の場合、まず借入金で建物を購入したものとして計算してよいので、土地に係る借入金は、借入総額から建物金額を引いて、

　1.5 億円 – 6,000 万円 = 9,000 万円

② 土地の分の借入金利子を借入金額按分にて計算する。

　480 万円 × 9,000 万円／1.5 億円 = 288 万円

③ 他の所得と損益通算できない不動産所得の赤字を計算する。

　580 万（赤字の金額）＞288 万円（借入金利子のうち土地の分）なので、赤字は 580 万円ですが、そのうち 288 万円は給与所得等の他の所得から差し引けません。逆に、580 万円 – 288 万円 = 292 万円の赤字だけが損益通算可能になります。

4. 不動産売却時の仲介手数料等は、控除してよいの？

　不動産投資では買う時や所有している間だけでなく、売るときの税務対策も考えておかなければなりません。

　では、売却するときに費用にできるものには、何があるでしょう。

　売却するにあたり最低限これこれのことはしてください、と契約書に書いてあるものについては、税法上の譲渡費用に該当します。具体的には、次のものが当てはまります。

① 登記費用
② 仲介手数料
③ 運搬費用
④ その他譲渡のために直接要した費用（印紙代、譲渡のために支払った確定測量費用）

⑤ 譲渡のために借家人に支払った立退き料
⑥ 譲渡のために支払った、もともとあった建物の取壊し費用
⑦ すでに売買契約していたが、さらによい条件で他に売却するために、元の契約を解除するための違約金
⑧ その他、その譲渡資産の譲渡価値を増加させるために譲渡に際して支出した費用

　売却にあたり外壁や屋根のリフォームを行った場合、それが売却の条件として契約書に明示されていれば譲渡費用（売却時の経費）となります。
　同様に残置物（前住民が置いて行った家財）の処分費用等も譲渡費用にすることができます。
　外壁のリフォームは、投資物件を高く売るためには非常に効果的な手法です。リフォーム代が経費になるのであれば、売却にあたり思い切って外観をきれいにし売りやすくするのも賢い大家さんの手法だと思います。

売却時にできるテクニック
〜鉄部塗装で売却額をアップさせる方法

　売却時に売却額をアップさせる方法は何かないものでしょうか。

　賃貸アパート等の投資物件では、見た目がきれいなほうがより高額に売却される傾向があります。外壁等が塗り直されたばかりであれば、今後10年は費用がかからないという安心感を買主に与えることができ、よい印象を持ってもらえるからです。

　さらに塗装するときのポイントは、鉄部分を中心に行うということです。アパートには階段や柱等、鉄でできている部分が多数あります。そういった箇所は古くなるとサビが発生し、みすぼらしくなります。

　売却においては、この階段や柱等の鉄部分を集中的にきれいに再塗装するのが効果的なのです。

　というのも、階段や柱等の鉄部分は塗装する面積が狭く塗装コストが低く抑えられるわりに、目立つので買主に良い印象を与えやすいからです。

　同じ塗装でも外壁になると、足場を組む必要がある等、高額になることもあるため、コスト見合いで行うかどうかを決めるのがよいでしょう。

　いずれにせよ、少しのコストでよりよい印象を与える鉄部塗装を実施して売却額アップを目指してください。

5. マンションの駐車場をコインパーキングにしたら固定資産税が上がった

1　想定外の税金増加となった事例

【事例】

　「一棟マンションの駐車場の一部が空いていたので、コインパーキングにしたら固定資産税が上がってしまった」という相談を地主のG氏から受けました。

　G氏は都内に一棟マンションをいくつも所有しています。そのうち一つのマンションの駐車場は、なかなか借りる人がいないため余っています。そんなG氏に、コインパーキング会社が営業をかけてきました。

　業者は、現在空いている駐車場をコインパーキングにすることで収益が上げられるということを力説します。今よりもはるかに収益が上がるというのです。

　G氏も、どうせ空いているのであれば少しでも収益を上げたほうがよいと考え、一部をコインパーキングにすることにしました。そうして、マンションには5台の入居者専用駐車場と5台のコインパーキングが併設されることとなりました。

　コインパーキングの稼働自体は業者が説明するほどではないものの、それなりに入ってきます。また、コインパーキングの機械を減価償却することもできるのでG氏の当初の計画はそれなりに果たしたつもりでした。しかし、G氏は翌年の固定資産税を見て驚きます。

　なぜなら、G氏の所有するマンションの固定資産税が大幅にアップしていたからです。よくよく調べてみると、マンションの駐車場部分すべてに対し、住宅用地の課税標準の特例が適用されておらず、固定資産税が3倍に跳ね上がっていたのです。

　住宅用地の課税標準の特例とは、1戸につき200平方メートル未満までの課税標準登録価格を6分の1とし、200平方メートルを超える部分につ

いては、床面積の 10 倍までの課税標準登録価格を 3 分の 1 にするという特例です。

これまでは、マンションに付随する駐車場には特例が適用されていました。しかし、コインパーキングにしたことで、マンションに付随しないと評価され、特例が適用されなくなってしまったのでした。しかも、マンションの住民が使う駐車場部分まで適用除外となっています。

G氏はコインパーキング部分は理解できるが、マンション住民が使う駐車場部分まで適用除外になるのはおかしいと思いました。市役所に問い合わせると、どこからどこまでがコインパーキングでどこまでがマンションの一部なのか、線引きがあいまいだったため、駐車場全体を更地として解釈したとのことでした。

本来は、線引きやブロック塀等を設置し、コインパーキング部分と、入居者向け駐車場を明確に区分する必要がありました。しかし、G氏は特に区分を明確にしないまま、跳上げ式のパーキングを設置したために駐車場全体の特例の適用除外という結果を招きました。

2　固定資産税は現況課税

G氏のように特例の適用除外を受けないようにするためには、下記のように準備しなくてはなりません。

まず、最も確実なのは土地を完全に分筆し、柵や壁でコインパーキングを分けてしまうことです。特にマンションの建蔽率・容積率に問題が生じないのであれば、コインパーキング部分を 1 筆の土地として分けて登記することが可能です。

固定資産税の課税単位は土地の「筆」単位となります。しかし、一筆の土地のなかで利用区分が異なることも多いので、航空写真による確認や現地確認をして、現況に即した課税が行われます。

もし分筆が難しいのであれば、せめてコインパーキングとマンションの境界に柵や壁を設置し、事実上別の用途で利用しているということを明確

にしましょう。

　調査員の目からみて利用実態がマンション専用駐車場とコインパーキングとに明確に分かれていれば、分筆されていなくても利用実態に合わせた課税が行なわれます。そのタイミングで税理士に同行してもらい、現地で説明をすることができれば、なお確実です。

　いずれにせよ、こういった場合にはコインパーキングとして利用する部分についての固定資産税が上がることは確かなので、費用対効果を考えて意思決定をしましょう。

6. 砂利の駐車場を舗装したら税金が上がった

【事例】

　償却資産税が上がった事例です。

　地主のA氏から「砂利の駐車場を舗装したら固定資産税が上がったのはなぜなのでしょうか」という質問を受けました。

　A氏は、いくつものマンションや店舗等を持っています。相続対策もしっかりと考えており、いつでも売却できるように、所有する土地のうち一部を駐車場として残しています。将来、相続が発生するタイミングで、この駐車場を売却し相続税を納めるために、あえて建物を建てていないのです。

　そんなA氏の駐車場は立地もよく、なかなかの稼働率でしたが近年、少しずつ稼働率が下がってきています。稼働率低下の原因はA氏の駐車場が砂利の青空駐車場だということです。周囲には他にも駐車場が存在し、その多くの駐車場はきれいに舗装されているため、A氏の持つ砂利の駐車場は競争力が下がってきているのです。そこでA氏は、駐車場を舗装することにしました。

　数百万円をかけて、きれいに舗装し、白いラインも引いたことで周囲の駐車場に見劣りしない立派な駐車場が完成しました。駐車場の仲介をお願

いしている業者からの評判も上々で、稼働率アップが見込めそうです。

そんな矢先、驚きの事実が明らかになるのです。よかれと思って舗装したところ、駐車場の税金（償却資産税）が上がってしまったのです…。

というのも、土地そのものの固定資産税は変わらないものの、アスファルトの部分が「構築物」として税務上の償却資産として取り扱われてしまったからです。

舗装されたことにより今後毎年、市町村への申告も必要になり、課税標準額の1.4％分の償却資産税がかかります。それではなぜ、申告もしていないのに市町村は舗装したことを知っているのでしょうか？

実は、市町村では、償却資産税の課税漏れを防ぐために、主に次の2点から新規の償却資産を調べています。

① 航空写真から新規償却資産の把握をする。
② 地主が税務署に提出した青色決算書・収支内訳書をチェックする。

A氏も上記の二つのうち、どちらかで発見されたと思われます。

結局A氏は値上がりした償却資産税を支払わなくてはならなくなりました。

税金が上がって残念な結果になってしまったA氏ですが、実はこの話には続きがあるのです。

このA氏は、駐車場を舗装することで毎年の償却資産税は上がったのですが、なんとそれ以上に相続税が大幅に下がることになったのです。

なぜそのようなことが起こったのか、見ていきましょう。

7. 砂利の駐車場を舗装したら税金が下がった

前述のA氏のケースでは、駐車場を舗装したところ、償却資産税は上がってしまったのですが、実は相続税は下がりました。

これは、舗装した駐車場に「小規模宅地の評価減」という特例が使えるようになったからです。小規模宅地の評価減という名称から、宅地にしか適用されないように思えますが、この特例の対象は宅地に限りません。

小規模宅地の評価減を行うためには、その土地が建物または構築物の敷地として使われていることが必要です。

　もともとの青空駐車場の場合、そのどちらにも該当しませんでした。

　しかし、アスファルト敷きの駐車場は、アスファルトという構築物が土地の上に乗っていると考えられるため、要件さえ満たせば、小規模宅地の評価減が使えます。

　この特例適用対象は、広さ200㎡までです。適用されるとその土地の評価額は50％に減額されます。

　先ほどの例でA氏が亡くなった場合の相続税シミュレーションを行ったところ、この土地に小規模宅地の評価減を実施した場合、約100万円の減税になりました。

　駐車場の敷地をアスファルト舗装するかどうかは、駐車場の稼働率だけでなく、償却資産税や相続税への影響も合わせて検討するとより効果的なのです。

売却時にできるテクニック
～不動産所有法人の売却で税金を安くする

「不動産売却時にかかる税金をもっと安くする方法はありますか」と質問されることがあります。

売却時の譲渡費用を増やすことにより税金を安くすることについては、前述したとおりです。ここでは、それ以外の方法について述べます。

不動産所有法人を持っている人限定ですが、その法人そのものの売却で税金を抑えられる可能性があります。

通常、不動産を売却すると、売却した側には譲渡税がかかり、購入した側には不動産取得税、登録免許税等がかかります。

しかし、不動産そのものを売買せずに、その不動産を所有する資産管理法人を売買すれば、これらの税金がかからなくなるのです。

話をわかりやすくするために、ここに、資産が時価10億円分（簿価5億円）、の土地建物のみ、負債がゼロである資産管理法人（非上場株式会社）があるとしましょう。そして、このＡ法人の株価は時価で10億円だったとしましょう。

この法人の株式を時価（＝10億円）で売買する場合の、売却する側・購入する側双方の税金がどれくらい軽減される可能性があるのか、以下の数値例で売却側・購入側をそれぞれ見ていきます。

【売却側の節税メリット】

まず会社が保有する10億円分の土地建物を売却する場合、通常の不動産取引であれば、売却益に対して、法人税がかかります（ここでは、法人税等の実効税率を30％として数値例を計算します）。

【数値例】
10億円（不動産売却価格）－5億円（売却時簿価）＝5億円（売却益）

5億円（売却益）×30％＝1億5,000万円（法人税等の額）

会社のお金は8億5,000万円（10億円－1億5,000万円）となります。
　それに対し、資産管理法人の株式を譲渡した場合は、株式譲渡益への課税が約20％となります。

10億円（株式売却価格）－5億円（売却時簿価）＝5億円（売却益）

5億円（売却益）×20％＝1億円（株式譲渡益にかかる税額）

　通常の不動産売買に比べて、5,000万円もの節税効果が得られるのです。

【購入側の節税メリット】
　実はこの取引、売り手側だけでなく買い手側にもメリットがあります。
　なぜなら、購入する側は不動産売買にかかる登録免許税、取得税等を節約できるからです。
　通常の不動産売買の場合、登記時に登録免許税、その後不動産取得税を支払わなくてはならず、その金額は物件により変わりますので、ここでは仮に5％程度と想定します。上記の例でいえば、時価10億円の物件を購入する際には、5,000万円程度の登録免許税や不動産取得税がかかります。
　しかし、株式譲渡の場合は役員変更や定款の変更手続等の費用がかかるだけで、登録免許税や不動産取得税は支払わなくて済むのです。

【節税以外のメリット】
　一般的に不動産取引を行う場合、売却側も購入側も不動産仲介業者を通じて行います。
そして不動産の売買が成立すると、不動産仲介業者へ仲介手数料を支払います。
　この支払う仲介手数料は、物件価格が400万円以上の場合、物件価格の3％＋6万円に消費税となります。
　物件価格が10億円の場合、その仲介手数料は約3,300万円にもなります。
　不動産そのものを売買するのではなく、その資産管理法人の株式を売買するこ

とで、売却側・購入側双方においてこの仲介手数料を節約することができます。

これらのメリットをまとめると、下記のようになります。

図表：通常の不動産取引と株式譲渡取引の違い

	売却側			購入側	
	通常の不動産取引	株式譲渡の取引		通常の不動産取引	株式譲渡の取引
売買価格	10億円	10億円	売買価格	10億円	10億円
売却益	5億円	5億円	―	―	―
税率	30%	20%	―	―	―
税額	約1億5000万円	約1億円	登録免許税 取得税	約5000万円	0
仲介手数料	約3300万円	0	仲介手数料	約3300万円	0
税・手数料合計	約1億8300万円	約1億円	税・手数料合計	約8300万円	0

その差、8,300万円　　　その差、8,300万円

購入側も売却側も、8,300万円ほど費用を節約することができるのです。

実際には株式取得にかかる費用等が含まれますので上記金額よりはメリットが小さくなる可能性はありますが、メリットの金額を考えれば検討に値するものといえます。

第 6 章

すでに負動産を
持ってしまっている
場合の対策

先祖代々の土地を守らなくてはいけない場合

1.「地主も三代続くと財産をなくす」は本当

「三代続くと地主はただの人になる」といいますが、それはなぜでしょう。

相続税の申告納付は、相続開始後10か月以内です。

「10か月もあるのか。余裕だな」と考えるかもしれませんが、相続では少々事情が異なります。

実際の相続では、通夜のバタバタした状態から初七日、納骨を経て四十九日まであっという間に時間が過ぎていきます。その間、死亡届や健康保険関係の届出をした後、遺言の有無、相続放棄手続、所得税の準確定申告（相続開始後4か月以内）等休む暇もありません。

その後、財産のある方は財産調査をして遺産分割協議に入ると、相続税申告期限の10か月はすぐ目の前だという人がほとんどです。

そして、問題なのは相続税の納付に十分な現預金を持っている地主がほとんどいないということです。

そのため、納付税金の準備をしていない地主は、大きく分けて次の四つのいずれかの道をたどります。

① 土地の売却➡現金➡相続税納付
② 土地を担保に金融機関から借入➡相続税納付➡金利支払による現金の更なる減少
③ 相続税の延納➡利子税の支払➡余分な負担の増加（バブル期では現金一括納付の2倍の支払が必要でした）

④ 相続税の物納➡所有土地の減少

　以上四つの道に共通することは（お金か土地かにかかわらず）、いずれの道でも「大切な財産が減る」ということです。これを代々くり返せば、どんな地主でも「三代続くとただの人」になります。

　でも安心してください。それを回避するための非常に簡単な方法があります。それは、「あらかじめ相続税がいくらかかるかを知って、それに見合うお金を用意しておくこと」です。

　「なんだ、そんなことあたりまえでしょ」と思われるかもしれませんが、そんな当たり前のことができていない場合がほとんどです。自分はできていないかもしれない、と思った方は、「生命保険の活用」をご検討ください。極論すればお金さえあれば、相続税がもとで「地主が三代で没落するすること」は絶対にありません。

　個人的な皮膚感覚ですが、地主には生命保険嫌いな人が多いと感じます。しかし、地主のように、すぐに現金化しづらい資産を持っている人こそ保険のような金融資産が必要なのです。

　ただし、一口に保険といっても、何でもよいわけではありません。相続税対策としての保険として優れているものを顧問税理士とともに吟味しなくてはいけないことは、いうまでもありません。無駄な保険に加入させられそうという警戒感から、保険の相談を毛嫌いする人も多いとは思います。

　したがって、税務上より有利になる保険の入り方等を一緒に考えてくれるパートナーとして顧問税理士を大いに活用すべきなのです。

2. どうしても先祖伝来の土地を守りたい人ができること

　地主のなかには、江戸時代から続いてきた先祖伝来の土地をどうしても守りたいという方もおられると思います。その守りたい場所が有効活用できない地方の土地だった場合は、どうすればよいのでしょうか？

　先祖伝来の土地を守りたいというニーズが、一定数存在するのは事実で

1
先祖代々の土地を守らなくてはいけない場合

す。例えば戦後の農地解放で手放した土地を頑張って買い戻した等、先祖伝来の土地を大切に守ろうとされた方々が実際にいます。

　代々受け継いだ土地を大切にしたいという純粋な思いとは裏腹に、不動産としての価値はその場所の賃貸や商業的なニーズで決まります。特に人口減少にあえぐ地方の土地は、かつてのように農地として活用されることもないため、不動産としての市場価値は限りなく低くなっています。それでもその土地を手放さず守るというのであれば、そのやり方は限られています。

　最初に、その土地の有効活用は諦めましょう。賃貸需要や商業ベースでのニーズに見込みのない土地を活用すると息巻いて何かを建設しても、空室を埋められないことは明らかだからです。

　次に、近隣の大都市圏で賃貸や商業のニーズがある物件を探します。東京や大阪等の大都市圏であれば、今後も十分に需要がある物件を探し出すことができます。

　そして、その物件を買うときに先祖伝来の土地を担保に借入を行いましょう。先祖伝来の土地は賃貸のニーズがなかなか見込めないとはいえ、まとまった広さの無借金の土地であれば、場所によっては担保になる可能性があります。

　その担保余力を用いて借入を行い、収益性の高い都心の物件を購入するのです。こうすることで、先祖伝来の土地を手放さず、その維持費を稼ぎ出す大都市圏の物件を手に入れることが可能となります。

　地主の方は、往々にして自分の保有する土地をどうにか有効活用しなくてはという発想に捉われがちです。そのため儲かりもしない場所に儲かりもしない物件を建ててしまうのです。

　大切なのは、発想の転換です。現状ある不動産を担保にした借入も立派な不動産の有効活用です。従来のやり方や思い込みに捉われることなく、新しいことを始めましょう。

ただし、大都市圏に新しい物件を購入するときは、必ず儲かる物件とは何か、採算の取れる利回りとは何かを、自分でもしっかりと勉強してください。そして、信頼の置ける税理士に税引後キャッシュフローの見積もりを出してもらい精査してください。すべてにおいて数字で判断するのが成功のカギなのですから。

物件の負動産化が進んでしまっている場合

1. 親が買ったリゾートマンションが危険

「親がリタイア後、リゾートマンションや別荘を買って移住しました。将来、その別荘やリゾートマンションが残されると思うと気がかりです。どうすればよいでしょうか？」という相談を受けることがあります。

親の相続財産がなければ、相続放棄という方法もありますが、実家の土地や有価証券等、価値のある財産がある方は相続放棄をすることもできず、途方に暮れてしまいます。そんな負動産を相続せざるを得ない場合の対処法は、無料もしくはお金を支払って売却するというものです。

リゾートマンションの場合は毎月の管理費や修繕積立金等が高額なので、年間あたり50万円くらいかかるものも多数存在します。そういった物件は、タダでもいらないといわれる可能性もありますので、1年分の維持費用である50万円を支払って買い取ってもらいましょう。

しかし、誰がそのような負動産を引き取ってくれるのでしょうか。それは、必然的に身寄りもなく財産もない人になります。負動産を相続させる親族がいない人であれば、将来的に誰も困らないからです。

もちろん人気のあるエリアであれば、通常のやり方で売却することも可能かもしれませんが、不人気かつ老朽化が激しい物件の場合はそれ以外にやりようがないかもしれません。

いずれにせよ、時間がたてばたつほど負動産から逃れるのは難しくなるので、できるだけ早期にご両親を説得し、負動産を手放しましょう。

2. 相続した土地の権利が細分化されすぎていて危険

「相続した土地の共同所有者が多すぎて、どうすればよいのかわかりません」。これは実際にあったご相談で、依頼者は80歳女性でした。

その女性には息子さんが二人いて、二人で共同して一等地で立体駐車場を営んでいます。相続税の試算のご依頼を受け、土地の登記簿を取ったところ、その土地は、その女性と二人の息子さんが法定相続分で共有していました（女性の持ち分1／2、息子各1／4）。

その後、息子さん二人が経営方針をめぐって仲違いし、口もきかない状態になりました。そして、ほどなくその女性が亡くなりました。

当然遺産分割協議はお互い一歩も譲らず、結局、その女性の有する土地の持ち分は、息子さん二人で半分ずつ相続しました。

息子さん二人が存命中は、仲違いしたままでも、なんとか駐車場業を営んでいくことができると思いますが、孫の代になったときは、土地の権利を多数のいとこ同士で持ち合うようになり、経営方針をまとめることができなくなります。つまり、この土地を一家で守り続けていくことは事実上不可能になるということです。

このような事態を避けるために、土地の権利を相続で細分化させないことが極めて大事です。しかし、すでに相続で土地の権利が兄弟共有やいとこで共有されている場合は、どうすればよいのでしょうか。このような場合には、大きく分けて二つの対策があります。

一つ目は、生きている間に兄弟間やいとこ同士でその土地の権利を移動させておくこと、具体的には、売買または贈与を行うことです。

この場合、買受資金の問題と、譲渡所得税や贈与税がいくらかかるかが問題になるので、あらかじめ金額のシミュレーションを行ってから実行するべきです。

二つ目は、自身が他界したときに兄弟やいとこにその土地の権利が移る

ように遺言をしておくことです。しかしこの二つ目の方法は、妻や子ども等の近しい家族のコンセンサスが得られにくいという問題と、相続税の二割加算※が発生する問題を抱えています。

したがって、総合的に判断すると一つ目の方法が優れているといえます。

今持っている土地をずっと一家で守っていきたいという場合は、分散した土地の権利をなるべく早く（≒「今すぐ」）買い戻す必要があります。それができない場合は、今すぐにその土地の持ち分を売ってしまうのが賢いやり方です。

※相続税の二割加算とは
　一親等の血族（代襲相続する孫を含む）及び配偶者以外が相続すると、相続税が二割加算されるというものです。
　ありていにいえば、相続する人が親か子か配偶者以外の人の場合、20％ほど相続税を割り増しするよということです。
　前述の例では、兄弟やいとこに土地の権利が移るように遺言しておく場合、兄弟やいとこは、親・子・配偶者以外にあたりますので、親・子・配偶者に課される相続税の20％割り増しで相続税が課税されるということです。

3. 売れない負動産は「ちょっぴり工夫した相続放棄」を検討する

売るに売れない負動産は、もはや資産ではありません。

なぜなら、持っているだけで固定資産税や、空き家であるにもかかわらず火災保険料等の維持費がかかるからです。

この他に、屋根や古くなった雨どいの補修、庭があれば草むしりや野生動物が住み着いた場合は駆除費用等、目に見えない維持費用がかかります。

そのうえ、平成27年に施行された「空き家対策特措法」で、空き家を適切に管理していない所有者に対して撤去や修繕を勧告し、従わない場合は行政側が代執行した費用を所有者に請求することができるようになりました。

一軒家の解体費用は、地域差もありますが100〜200万円が相場です。大きい建物だと300万円以上かかることもあります。このように「負動産」はもはやお金を生み出す資産ではなく、金食い虫なのです。

第6章
すでに負動産を持ってしまっている場合の対策

　それでは、事前に「負動産」対策をできないのでしょうか。
　実はそのような場合に大変有効なのが家庭裁判所で「相続放棄」手続を行うことです。それも「工夫した相続放棄」が大変有効です。
　相続人は本人の意思で財産を相続するか放棄するかを決めることができます。しかし、「遺産のうちお金だけを相続して、価値のない土地を相続しない」というようなやり方はできません。
　このような場合は、どちらも相続するか、どちらも相続しないかの二者択一になります。
　ここで悩ましいのが、亡くなった時点で「負動産」以外に預金がある場合です。預金を相続するともれなく「負動産」がついてきて、あとあと「負動産」のせいで厄介なことが起こる可能性があります。だからといって普通に（家裁に届け出て）相続放棄すると、負動産を手放す他に預金も捨てることになり、もったいない思いをすることにもなります。
　そこで、普通の相続放棄にちょっぴり工夫をしてみてはいかがでしょうか。具体的には「親の介護・入院費用に優先的に親のお金を使い、できる限り預金をゼロにしてから負動産の相続放棄」を行うというものです。
　親の介護・入院費用を子どもが負担することは「親孝行」そのものです。人の道として正しいですし、普段著者自身も相続人となるお子さんから相談を受けた場合にはそのようにお勧めしています。
　しかしながら、相続財産のなかに負動産があるとしたら話は変わります。
　自分亡きあと、負動産のせいで右往左往している子どもの姿を草葉の陰から見た親は、とても切ない気持ちになるのではないでしょうか。
　もしそうであれば、むしろ生前に親子で「親の預金で介護・入院費用を出すけど、もし使い切ったとしても子どもが足りない分の面倒をみる」という約束をすることは決して悪いことではないと思います。
　そのようにして親のお金から優先的に使ってもらえれば、その後の「相続放棄」の選択も容易になります。この場合、介護・入院費用だけでなく、

墓石の購入や葬儀社への葬儀費用積立等を出してもらうことも可能です。

「相続放棄」は、相続があった日（亡くなったことを知った日）から3か月以内に家庭裁判所に所定の書類（「相続放棄申述書」、戸籍謄本等）を提出することで手続が行えます。3か月を超えると、「相続放棄」はできなくなるので、期限だけは気をつけましょう。

「相続放棄申述書」には相続人と被相続人の本籍や住所、相続開始日や放棄理由、資産負債の内容・金額等を書きますが、資産内容が不明な場合は「資産内容不明」と書いても受理されます。

その後、家庭裁判所から「相続放棄照会書」が来ます。これは本当に相続人本人が申請したかを確かめる書類です。これを返送して、手続終了です。費用実費は印紙代800円と郵送料だけです。

もし、弁護士や司法書士に頼んだとしても大体10万円程度あれば十分間に合います。この手続は簡単ですが「負動産」対策としてはとてもパワフルな効き目があります。

しかし、一つだけ注意点があります。

それは、「子どもが相続放棄した場合、相続権が被相続人の祖父母や兄弟姉妹（亡くなっている場合はその子）に移る」ということです。

なので、相続放棄を考える場合は、必ず相続権が移る相手にも連絡することを忘れずにしてください。そうしなければ、被相続人の祖父母や兄弟姉妹が、負動産による被害を受けることになってしまうからです。

逆に負動産を放棄した親族から連絡がないと、気づかないまま負動産の被害に遭ってしまうので、身近な親戚に相続があった場合には相続放棄の有無をそれとなく聞いてみることをお勧めします。

■著者紹介

姫野 秀喜（ひめの ひでき）

姫屋不動産コンサルティング(株)代表。九州大学経済学部卒業。アクセンチュア(株)で売上3,000億円を超える大企業の会計・経営コンサルティングに従事。独立・開業後、年間100件以上の実地調査から得られる詳細な情報と高い問題解決力で、一人一人に合致した戦略策定から購入、融資、賃貸経営の改善までを一貫してサポート。不動産に関する記事は「週刊ダイヤモンド」、「週刊ビル経営」、ニュースサイト「マネーボイス」等に掲載されている。

乾 比呂人（いぬい ひろと）

東北大学経済学部卒業。仙台国税局にて在職12年間に約200件の税務調査（所得税、法人税、相続税）に携わることにより、総合的な税務の見方を体得。2011年国税局を退職し同年9月に乾比呂人税理士事務所（現：税理士法人プロフェッションズ）を開業。相続税案件を多数手がけ、約3,000万円の節税に成功する等、実績を重ねている。特に、調査官目線のポイントを押さえた証拠整備で追徴課税を防ぐ手法が注目され、同業の税理士からも依頼多数。

売れない・貸せない・利益が出ない 負動産スパイラル

2018年10月24日　発行

著　者	姫野　秀喜／乾　比呂人 Ⓒ
発行者	小泉　定裕
発行所	株式会社 清文社 東京都千代田区内神田1-6-6（MIFビル） 〒101-0047　電話 03(6273)7946　FAX 03(3518)0299 大阪市北区天神橋2丁目北2-6（大和南森町ビル） 〒530-0041　電話 06(6135)4050　FAX 06(6135)4059 URL http://www.skattsei.co.jp/

印刷：㈱太洋社

■著作権法により無断複写複製は禁止されています。落丁本・乱丁本はお取り替えします。
■本書の内容に関するお問い合わせは編集部までFAX（03-3518-8864）でお願いします。
■本書の追録情報等は、当社ホームページ（http://www.skattsei.co.jp/）をご覧ください。

ISBN978-4-433-62348-7